地理を学ぼう

海外エクスカーション

島津　弘・伊藤徹哉
立正大学地理学教室 編

Geographical Excursion

in

Foreign Countries

朝倉書店

編著者

島 津　　 弘	立正大学地球環境科学部地理学科・教授
伊 藤 徹 哉	立正大学地球環境科学部地理学科・教授

執筆者一覧（五十音順）

大 石 太 郎	関西学院大学国際学部国際学科・教授
貝 沼 恵 美	立正大学地球環境科学部地理学科・准教授
加 賀 美 雅 弘	東京学芸大学人文科学講座地理学分野・教授
片 柳　　 勉	立正大学地球環境科学部地理学科・教授
呉 羽 正 昭	筑波大学生命環境系・教授
小 松 陽 介	立正大学地球環境科学部地理学科・教授
鈴 木 厚 志	立正大学地球環境科学部地理学科・教授
藤 本　　 潔	南山大学総合政策学部総合政策学科・教授
松 井 秀 郎	立正大学地球環境科学部地理学科・教授
山 下 清 海	立正大学地球環境科学部地理学科・教授

まえがき

　現代においては「世界」のさまざまな情報が瞬時に得られるということは，今やさまざまな場面で言い古されたことである．地理学の世界においても同様である．一方で，テレビというメディアでは，「世界」を紹介する番組が毎日のように放送され，その内容はきわめて多様化している．かつては「世界」を紹介するといえば有名観光地を回る旅番組が主流であったが，めずらしい観光地や普通の人が行かないような場所を訪ねるような番組，世界遺産やまちを歩き，小さな村の生活を追うなどテーマ性をもった番組や，自然・地域・歴史を学べる番組もある．これらは，自分ではなかなか行くことができない世界のさまざまな場所を少しでも体感したいというひとびとの思いのあらわれではないだろうか．

　編者の一人，島津の初の海外体験は1983年，大学3年の時の韓国巡検であった．釜山空港に降り立ったその日，韓国を揺るがすラングーン事件が発生し，韓国の自然や文化の体験とともに，韓国が置かれた状況や北朝鮮との関係について体感することとなった．1991年，アエロフロートソ連国営航空に乗って向かったヨーロッパでは，ソ連や東欧を含む15か国を体感できただけでなく，行きには考えもしなかったソ連解体が，バルト3国や中央アジアの国々の独立によって，帰りには現実のものとなっていた．このヨーロッパ体験では，さまざまな地形をみることができただけでなく，日本とは異なる地形に流れる長い時間や災害の原因や対策を体感することもできた．自然環境にかかわることだけではなく，日本では体験することができない西ヨーロッパと東ヨーロッパのさまざまな陸続きの国境も体験した．西ヨーロッパでは一般に国境は簡単に越えられたが，国境を越えると異なる通貨と異なる言語という壁が厳然と立ちはだかって，トイレに行くのも困る（基本的に有料）という経験は貴重なものであった．一方で，国境を越えた文化の共通性や一国の中の多様な言語にも出会うことができた．このような体験は，その後の地理学人生だけでなく，世界をみる視点の形成にも重要であったと思っている．

　このように世界を実際に体感することは，国際理解教育や国際教育の場として，もちろん「世界」を学ぶ地理学教育においても重要であることは言うまでもない．そこで，本書では，大きく3つのねらいを定めた．1つは大学生をおもな対象として，地理学の立場から海外地域を理解することに特化した「海外エクスカーション」の実例を示しながら，海外を体感することを通じて現実の地域の特徴や諸課題をとらえる能力を身につけるヒントを提示することにある．もう1つは，地理にかぎらず，大学において「海外エクスカーション」を正課授業として実施している，あるいはこれから実施しようとしている教員にとって，多様な実例を提示することで，新たに実施するための指針を与えることや，すでに実施している内容の見直しにつなげるというものである．3つめは中等教育において「海外エクスカーション」による，より深い国際理解教育や国際教育に資する方法を提示することである．

まえがき

　伊藤ほか（2015）による前巻『地理を学ぼう　地理エクスカーション』では，調査・研究の準備段階や，地理教育の一部として野外において実施する地域の特徴・概観をとらえようとする取り組みや活動全般を，「地理エクスカーション」と名付けた。そして，「地理エクスカーション」の意義を示すとともに，国内における「地理エクスカーション」の具体例を紙上で擬似的に体験して，地域的な特徴や課題をとらえる視点・考え方を提示した。本書はその続編として，「海外」における「地理エクスカーション」をおこなうことを念頭において企画されたが，単に地域理解の舞台を国内から海外に移すのではなく，国内とは異なる意義，視点，方法や実施の難しさを抽出してまとめるようにした。このため本書では，書名や本文中で「地理」という表現を省いているが，とくに断りのないかぎり，「エクスカーション」という用語は地理エクスカーションを意味している。

　第1章では海外エクスカーションの意義，中等教育における海外研修との共通性や継続性，独自性が述べられている。第2章では実施形態に着目して，多様な実施形態があることを示すとともに，2つの具体的事例を示した。第3章ではそれぞれ完結する海外エクスカーションとして各執筆者が過去に実施した3つの実例を示した。第4章では特定のテーマに沿った海外エクスカーションの提案として，地域の詳細な紹介を含めた4つのコースとしての展開例を示した。この章で紹介したコースの中には，メインプログラムに付随しておこなうサブプログラムとしてのエクスカーションを想定したコースもある。

　世界は広く，エクスカーションのテーマも多様なので，本書の実例をそのまま，あるいはなぞって海外エクスカーションを実施することは難しい。本書にある事例の中から興味深い地域をみつけて，個人的に訪れてみるというのも本書の活用方法の1つであると考えている。海外エクスカーションを構想しつつも実現できていなかった方が，テーマ設定や実際に海外でエクスカーションをおこなうための方法や問題点を知る手がかりとして本書をとらえていただき，実際に海外エクスカーションを実施していただけたとすれば，著者一同うれしいかぎりである。

　今後も「地理を学ぼう」シリーズとしての続刊が構想されていることを最後に申し添えたい。

2019年2月

島津　弘

目 次

第1章 海外エクスカーションの意義
1.1 海外エクスカーションとは　　　　　　　　　　　　　　　　［島津　　弘］　1
1.2 地理教育における海外エクスカーションを通じた能力の育成　　［松井秀郎］　6
1.3 高校と大学での学修プログラムとしての海外エクスカーション　［伊藤徹哉］　14

第2章 さまざまな海外エクスカーション
2.1 海外エクスカーションの多様な実施形態　　　　　　　　　　　［島津　　弘］　21
2.2 現地集合による海外エクスカーション　　　　　　　　　　　　［呉羽正昭］　24
2.3 NGOと連携したベトナムにおける
　　　 マングローブ植林スタディツアー　　　　　　　　　　　　　　［藤本　潔］　34

第3章 海外エクスカーションの実際（1週間〜2週間の実例）
3.1 ヨーロッパを学ぶためのアウシュヴィッツ　　　　　　　　　　［加賀美雅弘］　41
3.2 多民族社会を体感する
　　　 ——マレーシア・シンガポールの8日間　　　　　　　　　　　　［山下清海］　48
3.3 自然と社会のダイナミズム
　　　 ——アメリカ合衆国・ワシントン州　　　　　　　　　　　　　　［鈴木厚志］　54

第4章 海外エクスカーションテーマの提案
4.1 南太平洋島嶼地域の観光と社会を学ぶ——ニューカレドニア　　　［大石太郎］　63
4.2 スペイン カナリア諸島の景観にみる自然・歴史・文化　　　　　［片柳　勉］　72
4.3 フィリピン共和国マニラ首都圏にみる経済活動の諸現象　　　　［貝沼恵美］　83
4.4 アメリカ合衆国の国立公園で自然を学ぶ
　　　 ——ブライスキャニオンを事例に　　　　　　　　　　　　　　　［小松陽介］　92

さらなる学修のための参考文献　　101
索　引　　103

コラム1 海外での学修活動のリスクマネジメント——安全確保と緊急時対応　　［伊藤徹哉］　20
コラム2 ヨーロッパの今を知るためのエクスカーションの提案　　［加賀美雅弘］　82

囲み記事

　大学での学修時間と単位数　　18
　ニューカレドニアでの高等弁務官と自治政府　　66
　インフォーマルセクター　　88
　グランドサークル　　93
　谷頭侵食　　96
　乾湿風化　　99

本書の活用法

第2章 さまざまな

2.2 現地集合による海外エク

タイトル：海外エクスカーションの中心トピックを「(テーマ・課題)―(地域名)―」などの形で明示した．

ポイント
1. アルプス地域の地域理解を深める．
2. ヨーロッパの都市やリゾートの景観・機能を理解する．
3. ヨーロッパにしばしばみられる旧市街について，その形態や景観を

ポイント：各節での重要事項や，エクスカーションにおいて観察や計測したり，考察したりすべき地理的事象を2〜3項目提示した．

コース（現地集合・解散で4泊5日）：(1日目)インスブルック中央駅集合①→市街見学②→(2日目)ハルインチロル旧市街見学③→ブレンナー峠見学④→◯◯◯◯グルグル着→ロートモース氷河見学⑤→(4日目)ゼルデン見学⑥→(5日目)オーバーグルグル見学⑦→現地解散

コースと地図：コースには，エクスカーションの期間（機中泊を含む．また，現地集合・解散の場合もあり）とおもな訪問地を明示し，ルートマップには，訪問地の位置を数字①〜で示した．

囲み記事とコラム：本文に関する用語解説などを別途囲み記事で挿入し，関連事項や提案をコラムとしてまとめた．

図 2.2.1 本節のルート（坂本ほか (2017)（岡田浩平原図）を改変）

本文：第Ⅱ章ではエクスカーションに多様な実施形態があることを具体的事例で示した．第Ⅲ章では，実際に行ったエクスカーションの事例を元に，旅程や課題，実際に現地に行かないと気づきにくい注意点などを解説する．第Ⅳ章では，興味深い課題をもつ土地を取り上げ，エクスカーション計画を提案している．実際にエクスカーションを行う場合の手引きとしてはもちろん，また実際に行くのが難しい場合に，資料や地図を使って仮想的な「海外エクスカーション」を行う参考としても活用できるようにした．

本書でとり

●はエクスカーションの実施場所

げ る 地 域

2.2 〜 4.4 は該当する本文の節を示す。

第1章 海外エクスカーションの意義

1.1 海外エクスカーションとは

> **ポイント**
> 1. 海外エクスカーションの概念や意義を理解する。
> 2. 教育課程における海外エクスカーションの位置づけを理解する。
> 3. 海外エクスカーションの意義を4つの観点から理解する。

1 はじめに

　地理学が対象とする，地球表面で生起するさまざまな現象をとらえる方法として，その現場におけるフィールドワークは最も重要なデータ取得手段であるだけでなく，地理学的土地勘（地域感）を醸成するためにきわめて重要である。サン＝テグジュペリの『星の王子さま』に出てくる地理学者のように，部屋から出ずに「探検家」の言うことだけに耳を傾けているのであれば，その場所の喧噪も，においも，土の微妙な色も，石の硬さも，ふつうなら取るに足らない，しかし，その地域を語るのに重要であるかもしれない事柄を知覚し得ない。フィールドワークは，研究・調査だけでなく，地理学的体験の中でもきわめて重要である。

　フィールドワークという語や活動，調査手法は地理学だけではなく，地域や地球の実態に触れる学問である地質学，民俗学，社会学など広い分野でおこなわれている。その中で地理学におけるフィールドワークは，研究・調査およびその準備から，地理学を学ぶ初期段階における地域をとらえる多様な活動も意味している（伊藤ほか，2015）。とくに直接的なデータ取得ではなく，フィールドにおける学び，見学，議論をおこなう活動を「巡検」や「エクスカーション（excursion）」とよぶ。国内，国際学会を問わず，地理学および関連領域の学会には必ずといっていいほど巡検やエクスカーションが合わせて開催される。とくに国際学会では，多様な期間と，開催地を中心とした多様な場所でおこなわれるエクスカーションに参加することは，地理学的見聞を広め知識を得るだけでなく，実際にその開催国の研究の現場で，その研究者と議論できることが何よりの楽しみである。

　伊藤ほか（2015）では巡検やエクスカーションのうち，地域の特徴・概観をとらえようとする取り組みや活動を「地理エクスカーション」と名づけた。NHKの人気番組『ブラタモリ』も「地理エクスカーション」の一つとしてとらえることができるだろう。本書で扱う「海外エクスカーション」は，海外でおこなうこのような地理エクスカーションを意味しており，海外での体験や経験を提供し，複眼的視点からの地域理解を促す取り組みや活動として特徴づけられる。大学での地理学的学修の一環としておこなわれるものが中心となるが，中等教育での海外活動にもその特徴の一部がみられる。なお，本書ではとくに断りのないかぎり，「エクスカーション」という用語は地理エクスカーションを意味し

ている。

本節では,中等教育における地理エクスカーションや海外活動をふまえたうえで,おもに大学の地理学教育における海外エクスカーションの意義とその位置づけについて述べる。

2 教育課程における地理エクスカーション

大学などの高等教育機関の地理学教育におけるエクスカーションは,地理学研究の実践教育における現地でのデータ取得のための活動としての地域(野外)調査と,その練習あるいは実体験としての地域(野外)調査実習,それに加えて,地理学の対象である地域を現場で学ぶという意味合いをもっている。前二者は地理学の課程においては,それぞれ「卒業研究」あるいは「卒業論文」と「フィールドワーク」,「地理学実習」,「野外調査法」,「現地研究」などの科目として位置づけられている場合が多い。現場での学びとしては,それぞれの「調査の練習科目」の中でおこなわれたり,初年時教育科目の中に位置づけられていたり,講義科目の中の非公式な活動の中でおこなわれるということもある。

これらの地理学的活動は何も高等教育だけにかぎったことではなく,中学校,高等学校における地理教育においても指導要領上で地域調査が位置づけられている。たとえば現行の中学校社会科地理的分野では,「世界の様々な地域」と「日本の様々な地域」の両方に地域調査が明記されている(表1.1.1)。地域調査は,前者は資料調査によっておこなわれるのに対し,後者は「観察や調査などの活動を行い」とあり,身近な地域(学校周辺あるい

表1.1.1 中学校学習指導要領社会科地理的分野における地域調査に関する記述

1 目標	(4) 地域調査など具体的な活動を通して地理的事象に対する関心を高め,様々な資料を適切に選択,活用して地理的事象を多面的・多角的に考察し公正に判断するとともに適切に表現する能力や態度を育てる。
2 内容	(1) 世界の様々な地域 エ　世界の様々な地域の調査 世界の諸地域に暮らす人々の生活の様子を的確に把握できる地理的事象を取り上げ,様々な地域又は国の地域的特色をとらえる適切な主題を設けて追究し,世界の地理的認識を深めさせるとともに,世界の様々な地域又は国の調査を行う際の視点や方法を身に付けさせる。 (2) 日本の様々な地域 エ　身近な地域の調査 身近な地域における諸事象を取り上げ,観察や調査などの活動を行い,生徒が生活している土地に対する理解と関心を深めて地域の課題を見いだし,地域社会の形成に参画しその発展に努力しようとする態度を養うとともに,市町村規模の地域の調査を行う際の視点や方法,地理的なまとめ方や発表の方法の基礎を身に付けさせる。
3 内容の取扱い	(3)　内容の (1) については,次のとおり取り扱うものとする。 エ　エについては,様々な資料を的確に読み取ったり,地図を有効に活用して事象を説明したりするなどの作業的な学習活動を取り入れること。また,自分の解釈を加えて論述したり,意見交換したりするなどの学習活動を充実させること。 (4)　内容の (2) については,次のとおり取り扱うものとする。 エ　エについては,学校所在地の事情を踏まえて観察や調査を指導計画に位置付け実施すること。その際,縮尺の大きな地図や統計その他の資料に親しませ,それらの活用の技能を高めるようにすること。また,観察や調査の結果をまとめる際には,地図を有効に活用して事象を説明したり,自分の解釈を加えて論述したり,意見交換したりするなどの学習活動を充実させること。なお,学習の効果を高めることができる場合には,内容の (2) のウの中の学校所在地を含む地域の学習と結び付けて扱ってもよいこと。

(『中学校学習指導要領(平成20年3月告示平成22年11月一部改正)』(文部科学省,2015)より一部抜粋)

は居住区市町村を想定）が設定されていることから，実際に野外に出て何らかの調査活動をおこなうものと理解できる．この学習においては，地域調査以前までに学習した居住地域を含む「地方」学習における内容を深めるという意義づけもされている．

教科書においては，「世界」，「日本」のいずれの地域調査の場合も，テーマ設定，調査，まとめ，発表というプロセスを体験するための事例が書かれている．調査に関しては，「世界」の方が資料・文献調査に基づいた調査プロセスを体験する内容になっているのに対し，「日本」の方は，事前準備をおこなったうえで野外における調査を実際におこなうという内容になっている．なお，2021年4月実施の新学習指導要領では，「世界」における地域調査（資料に基づく調査）はなくなり，現行の身近な地域の調査が，より詳細にまた確実に実施されるよう，詳しく規定されている（文部科学省，2018a）．

高等学校における新学習指導要領では，必修の地理総合において，地理的な課題の解決に向けた取り組みや探究する手法などについて理解するために，生活圏の調査をおこなうように規定されている（文部科学省，2018b）．一方，地理総合の上に設置されている4単位科目の地理探究では，「目標」に「調査や諸資料から地理に関する様々な情報を適切かつ効果的に調べまとめる技能を身につける」とあるが，具体的な地域調査の実施には言及されていない．

このように，中等教育段階における「地域調査」はその行動範囲や行動可能性の制約を受け，地域調査の範囲が「学校周辺」に限定されている．一方，大学における地理エクスカーションでは，「身近な」を飛び出して，任意の課題，地域を想定しておこなわれること

が多い（調査実習においては，テーマにより，日帰りの場合あるいは複数クラス設定の中のいくつかは，実際には身近な地域で実施されるものもある）．ただ，卒業研究などで実際におこなわれる地域調査は，学生の居住地，帰省地あるいはその周辺であることが多く，自由な発想で，自由に地域を選択してというようにはなっていない場合も多い．

3 「海外エクスカーション」の意義

さらに，ここまでの議論をふまえ大学における「海外エクスカーション」について，その意義や位置づけを考えてみる．

中等教育段階では，グローバル化する国際社会に主体的に生きる人を醸成するために，国際理解をするための基本的知識の習得や地球的課題の探究をおこなう．現行の中学校では具体的な地域を取りあげ，高等学校では学びの中でその都度，統計資料などを用いた整理，表現の技法を獲得するようなカリキュラムが組まれている．

中等教育における海外活動は，国際理解教育や将来を見据えた国際教育の中でおこなわれ，1.2や1.3で扱う通り，海外体験の機会を提供し複眼的な地域理解のきっかけとなっている．しかし，教科としての地理は中学校では必修ではあるものの，現行では高等学校では選択で履修者も限られていること，さらに地理教育にたずさわる教員が学校内に少ない，またはいないことから，海外活動が地理学的視点に基づく教育活動の一部とされることはまれである．このため，中等教育段階までに何らかの海外経験がある学生にとっても，大学における「海外エクスカーション」は海外における初めての地理学的体験となる

場合がほとんどである。

「海外エクスカーション」を，フィールドワークの一つである調査およびその手法の習得に位置づけようとすると，その目標はおのずと海外調査の実施になる。しかし，大学の学部教育において，実際に海外調査を主目的として教育をおこなうことはまずない。したがって，「海外エクスカーション」もフィールドワーク活動のうち，日本以外の地域で展開される，あるいは日本と違う展開をみせる地理学的現象の理解や，日本以外の地域についての地誌的理解を深めるということに，重点が置かれるだろう。

以上のように考えると，「海外エクスカーション」は大きく4つの意義が考えられる。1つは地理学的事象の原点をみる活動である。地理学的事象の多くは，これまでの具体的なフィールド研究から理解されるようになった。したがって，地理学における専門用語は，その研究がおこなわれた地名であったり，その地域の呼び名であったりすることも多い。日本発の地理学専門用語は少ないため，「海外地理エクスカーション」として専門用語のふるさとを訪ねる活動は，地理学的理解の原点に帰るという意味でも大きな意義がある（第4章コラム2）。筆者が引率した「海外フィールドワーク」において，最終氷期（アルプスにおけるヴュルム氷期）に形成されたモレーンを侵食，横断するヴュルム（Würm）川を訪れたが（図1.1.1），これは「海外地理エクスカーション」の一つの意義であるといえる。

図 1.1.1 学生たちと訪れたドイツ，ミュンヘン郊外 ヴュルム川（2010年9月，島津撮影）

図 1.1.2 ニュージーランド・フォックス氷河で本物の氷河を見る（2012年2月，島津撮影）

図 1.1.3 地震1年後に訪れたニュージーランド・クライストチャーチ中心市街地の仮設商店街（2012年2月，島津撮影）

図 1.1.4 冬の北極圏フィンランドにおけるトナカイソリの乗車体験（2014年2月，島津撮影）

次に，原点とはいえないまでも，日本よりその特徴がよく表れた地域を訪問，観察することである。日本では大規模な現成氷河を見ることはできないが，ヨーロッパアルプスやニュージーランド，サザンアルプスなどにおいては，本物の氷河に簡単に出会うことができる（図1.1.2）。東日本大震災の直前に発生した，ニュージーランド・クライストチャーチにおける地震の被災地に1年後に訪れたが，日本とは異なる被災状況や独特の「仮設商店街」を見ることができた（図1.1.3）。

前述の2つの活動が系統地理的理解の1つだとすれば，意義の3つ目は，ある地域の体感や経験そのものであり，地誌的理解ということができるだろう。熱帯地域におけるスコール体験やさまざまな地域における食事，乗り物体験，市場観察といった活動（図1.1.4）は，地誌科目で学んだ地域の特徴を，その実態に即して体感することができる。

さらに4つ目として付け加えるならば，調査実習は，前述の通り，大学における「海外エクスカーション」として主目的にはならないものの，一つの意義にとらえることができる。筆者が引率した「海外フィールドワーク」あるいは「海外調査法およびフィールドワーク」という科目では，実際に訪問先の現地において，学生主体による調査もおこなった。調査を実体験することは，見学といった他者依存による体験とは大きく異なり，その地域を積極的に理解しようとしなければ，実行できない。自由行動時間でも，学生自身が地域を自主的に体感できるものの，調査になると，さらに地域の情報を積極的に取りに行かなければならない。

実際の「海外エクスカーション」では，これらの4つの意義のうち，単独の意義のための実施はほとんどないだろう。日本とは異なる地理的現象をみる系統地理的理解と地誌的理解を中心に，そのエクスカーションの行動圏内に地理学の原点が存在すればそれを取り込み，調査が可能であれば実施することによって，その「海外エクスカーション」がさらに意義深いものとなるだろう。

［島津　弘］

参考文献
伊藤徹哉・鈴木重雄・立正大学地理学教室（2015）:『地理エクスカーション』朝倉書店.
文部科学省（2015）:『中学校学習指導要領』，東山書房.
文部科学省（2018a）:『中学校学習指導要領（平成29年告示）』，東山書房.
文部科学省（2018b）:「高等学校学習指導要領」http://www.mext.go.jp/component/a_menu/education/micro_detail/__icsFiles/afieldfile/2018/07/11/1384661_6_1_2.pdf（最終閲覧日：2018年8月5日）

第1章　海外エクスカーションの意義

1.2 地理教育における海外エクスカーションを通じた能力の育成

ポイント
1. 地球上の絶対的・相対的位置関係で「地域」をとらえる。
2. 「地域」における自然環境と人間活動との関係性を理解する。
3. 地理的事象・現象・課題を「地域」やその「地域性」で認識する。

1　海外エクスカーションで必要な能力・観点・視点と地球規模での観察

a. 必要な能力・観点・視点

外国の空港に降り立った時に、人はその空港ならではの匂い・香りを感じる場合がある。それは、香料の匂いであったり、ジャスミンの香りであったり、人によってさまざまであるらしい。また、熱気や湿気、喧噪音や埃っぽさなど、種々の刺激が押し寄せてくるように感じることもある。

これらは、その人の日常環境と外国との差異の大きさに起因している。すなわち、成田空港からのブラジルへの最も早い飛行プラン（1か所を経由する場合）であれば、日本の対蹠点（地球上の1点と地球の中心を結ぶ直線の延長が、地球の反対側の地表面と交わる点。つまり「地球の反対側」）の近くに位置するサンパウロ・グアルーリョス国際空港（サンパウロ州）であっても約25時間で到着することが可能であり、短時間のうちに異なる環境の刺激を受けることとなる。このように、外国では見るもの・聞くものなどのすべてを新鮮あるいは異質に感受できるようになる。海外エクスカーションでは、このような五感（視覚・聴覚・嗅覚・味覚・触覚）の感性を十分に働かせて、さまざまな差異を感じ取ることのできる能力が求められる。

海外エクスカーションでは、国内とは異なり、対象地域によっては言語や表記などでの大なり小なりの語学的な困難を伴うことも多い。このような状況下では、語学力のほかに、観察力・表現力・意思表示力・状況判断力・対人適応力などの、あらゆる行為・行動面での積極的なコミュニケーション能力が求められる。

故正井泰夫立正大学名誉教授は、『アメリカとカナダの風土　―日本的視点―』のまえがきで、アメリカとカナダをよく理解するのに必要な条件として3つの観点を挙げている。これらは「1— 日本からみた北アメリカ．アメリカ人が、カナダ人が自国をどうみているかというより、日本人がどうみるか、どうみるべきかという観点」、「2— 比較地理学の手法の利用．私たちがよく知っている国（日本を含む）と、どこが似ているのか、違っているかということを、できるだけ同じ尺度で比較するという視点」、「3— 生活文化の観点からみた北アメリカ．自然、民族、産業、集落などを、生活面との関連でとらえようとする視点」である。さらに「本著は地理書、地誌書である」として地理学における最も重要な視点と考えられる、「a— 自然と人間の関係．自然環境を人類はどのように利用してきた

か．これは人間をとりまく環境の認識へとつながる」，「b ― 見知らぬ土地，未知の国への関心．まだまだ分からないことの多い土地へ抱く素朴な関心は，世界が同じではないということを知ることになる．つまり，地域差の認識へとつながる」，「c ― 地図の利用．地理的事象は，ひろがりの中でとらえることができるので，それを最も効果的に表現する手法として，地図利用が必要である」の3つの点にできるだけ注意を払ったと記している。これらはいずれも，海外エクスカーションでも大いに必要となる観点と視点である。

b. 地球規模での観察

日本から外国へエクスカーションに出かける際には，短時間のうちに効果的な地理教育をおこなうことを目的としておもに空路をとる。その際の最短の飛行ルートは大圏コースとなるが，実際には航空交通管制や偏西風・貿易風などの風向，また大地形（山脈）などによってルートが調整されることとなる。白地球儀に出発空港と到着空港（含む経由空港），そしてその大圏コースを描き入れてみると，これから出かけるエクスカーションの場所への最短距離と方向などの地球上の位置関係が明確に理解できる。これらに加えて，山脈（含む火山帯），偏西風・貿易風などの大気圏での風向，地球の表層海流（暖流・寒流），各プレートの境界（狭まる・広がる・ずれる），日付変更線，大都市などを必要に応じて描き入れてみれば，どのような地域性（地域的性格）をもつ地域を経て目的地に到達するかの理解を深めることができる。

図1.2.1は日本の標準時の基準となる日本

図 1.2.1 白地球儀上に「地域」の地理的事象・現象・課題を描き入れての位置関係の比較・考察
写真A：千葉県九十九里平野（2017年10月撮影）
写真B：台湾嘉義県水上郷・北回帰線の標塔（2018年2月撮影）
写真C：スリランカ・キャンディ市近郊（2005年4月29日撮影）
写真D：ニュージーランド・カンタベリー地方（2012年2月撮影）
写真E：ブラジル・サンパウロ州（2004年5月撮影）

（筆者作成）

標準時子午線（東経135度）を中心とする白地球儀の図を地軸の傾き（約23度）に合わせて傾け，これに日本（写真A：千葉県上空）・台湾（写真B：嘉義県）・スリランカ（写真C：キャンディ市近郊）・ニュージーランド（写真D：カンタベリー地方上空）・ブラジル（写真E：サンパウロ州上空）で撮った写真を貼り付けたものである。

空港を離陸したら，窓から変化する地表の様子を観察することができる。離着陸の際には大縮尺の地図のように，高度1万mくらいの定常的な飛行（巡航高度）の際には小縮尺の地図のようにみることが可能である。離陸直後の千葉県上空の写真Aでは九十九里平野のようすがわかる。写真の上中央の銚子に向かって長く伸びる九十九里海岸の海岸線と，海岸線に並行して何列かの海岸砂丘上に伸びる集落列をみてとることができる。

台湾の写真Bでは，北回帰線の標塔（嘉義県水上郷）を2月に撮っている。ここには写真右下奥に小さく写っている日本統治時代の第1代標塔（1908年設置の模型）から，写真の手前に写っている「北回帰線標誌」と書かれた第5代標塔，写真の奥に写っている最も新しい第6代「北回帰線太陽館」（1995年・2005年拡充）の6つの標塔が集められている。回帰線の位置は地球の軌道面や地軸のブレによって若干変動するが，台湾では記念碑が台風や大地震の時に倒壊したりしたために，かつての標塔（模型も含めて）を集めて並べられている。もし撮影時点が北半球の夏至であって，晴天であれば，南中時には真上から太陽が照らすこととなり，影が真下にできることになる。地球の地軸の傾きと公転とによって，太陽の地球への影響が地域的に変化して，地球上の地理的事象・現象・課題はずいぶんと多様なものとなっている。こうし た意味でも，海外エクスカーションの実施地域・時期と，赤道・回帰線・極圏との位置関係の把握は大切である。

スリランカは赤道に近いため，この南西部は熱帯雨林気候に属するが，モンスーンの影響で年に2回（4月頃・10月頃）の雨季がある。写真Cは，スリランカの中部州の州都である古都キャンディ市近郊（東経約81度・北緯約7度）の水田の田起こしの風景である。この写真では水牛を用いて起耕しているが，場所によってはガソリンエンジンを動力とした耕うん機も用いられていた。写真は4月29日に撮影したものであるが，農業カレンダー（農事暦）などを作る際には，必要に応じて写真に年月日時の記載をする。また写真に正確な撮影場所や時点を記載しておくことは，開発や発展についてなどの，地域の変化を考察する際に誤解を生まないためにも必須の要件である。

ニュージーランド南島の太平洋に面するカンタベリー地方では，カンタベリー平野を中心として小麦・大麦・トウモロコシの生産などがおこなわれているが，この平野の谷筋の平地・傾斜地では羊の飼育や肉牛の肥育，場所によってはブドウの栽培がおこなわれている。写真Dはカンタベリー地方のワイパラ川に沿うワイナリーを機上から2月に撮ったもので，ワイナリー周辺のブドウ畑や，畜産業のための牧草地などをみることができる。ここは赤道や南回帰線よりも南であり，東経約173度・南緯約43度と，日本とは赤道を挟んで線対称的な位置にある。したがって日本との時差は＋4時間（ニュージーランドのサマータイム時，冬時間では＋3時間）程度であるが，季節は日本とは逆転する。

ブラジルのサンパウロ州にあるサン・ジョゼ・ドス・カンポス市は，南回帰線に近い都

市である。そしてサンパウロ州は日本の対蹠点に近いことから，日本とは−12時間（ブラジルの冬時間，サマータイム時では−11時間）と半日の時差があり，季節も日本とは逆転する。写真E下部にはこの都市の市街地北部と，写真左中から右上に連なるマンチケーラ山脈が写っている。また，写真には写っていないが，右下外にはマンチケーラ山脈に並行して大西洋側に海岸山脈がある。これらの両山脈の間は断層に沿う幅広い地溝谷となっていて，そこをパライーバ・ド・スル川が写真の左下から右上まで谷間を蛇行して流れており，リオデジャネイロの方向に東流して大西洋に注いでいる。機上からの観察によって，巡航高度での飛行では内的営力による地球の大地形，離着陸の際の比較的低高度の飛行の際には外的営力による浸食地形・堆積地形などがよく観察できる。

以上，写真を白地球儀の図上に置いて，日本との位置関係を意識して地球的規模で地域をみる観点について述べてきた。これらのように海外エクスカーションの対象地域を，地球上の絶対的位置関係や日本との相対的位置関係で比較して考える習慣を身につけることは，地理学を学ぶうえで大切である。

2 海外エクスカーションでの「地域」の認識

海外エクスカーションを地理教育という枠組みの中で考えれば，まずは，地理学の研究対象となる「地域」に関する理解が十分になされているべきであろう。海外エクスカーションでは，日本国内では見られない地理的事象・現象・課題に接することが可能である。日本とは異なる自然環境のみならず，そうした自然環境の中で連綿と受け継がれてきた異なる生活文化や，その地で新しく生まれた生活文化を体験することによって，世界には多様な地域が存在することを実感させられる。また，その際に日本と外国との大きな地域差を認識することが可能であり，「地域」を明確に認識できる体験となる。

日本の国土の大部分は，北半球のユーラシア大陸と太平洋の境にある火山活動の盛んな弧状列島である。この国土と排他的経済水域には，ユーラシアプレート・太平洋プレート・フィリピン海プレート・北アメリカプレートの4つのプレートの境界がある。また，国土は沖ノ鳥島を除けば北回帰線よりも北に，緯度間約25度の範囲にわたって広がっており，地球の公転によって全体的には

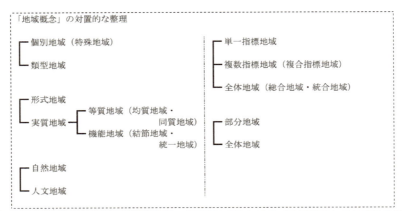

図 1.2.2 「高等学校学習指導要領解説　地理歴史編」による「地域概念」の対置的な整理

季節が比較的はっきりと現れる。そして，季節ごとに日本の周囲に発達するシベリア気団・オホーツク気団・揚子江気団・小笠原気団などの影響を受けている。海流では暖流の黒潮（日本海流）・対馬海流と，寒流の親潮（千島海流）・リマン海流とが，近海でぶつかったり交わったりして流れている。日本の位置をこのようにみると，大陸と大洋，大陸プレートと海洋プレート，寒冷乾燥な気団と高温多湿な気団，暖流と寒流などの，いろいろな境界領域に位置していることがわかる。境界領域はすなわち地域の境界であり，そこには地域差が存在している。

地理学における研究対象である「地域」の概念について，『高等学校学習指導要領解説地理歴史編』では，「地域とは，一つ，あるいは複数の特性によって，周辺の土地とは区別される地表の一部を指し，内部的に一定のまとまりをもったものとして理解される」として，「地域概念」の対置的な整理を示している（図1.2.2）。この説明については出典を参照していただくこととするが，ここには「地域概念の学習は，地理学習の根幹にかかわるもの」であるとの記述もあり，日本との地域差を実感しやすい海外エクスカーションは「地域」に関する理解を深める良い機会となる。

図1.2.3は，地理学の研究対象である「地域」の考察を進めるにあたり，系統地理学的考察・地誌学的考察・歴史地理学的考察の3つの観点を示したものである。ここでは，どの観点から考察を進めても研究対象とする「地域」の解明に至ることを示した。地理学における「地域」は，地球の誕生以来，変化し続けてきた自然環境の上に人類が築いた歴史という衣を幾重にも重ねてきた現在形としてとらえることができる。この地域は"ある地域性"でまとまった地球表面の広がりであり，"ある地域性"をもつ地域は他の地域と地域差のあるところで境をなしている。また，この地域を全体地域として，この地域内に"ある地域性"とは異なる地域性が認められれば，この地域内の部分地域として地域区分される。3つの観点では，それぞれの出発点が下記のように異なっている。

系統地理学的考察で研究を進める場合には，マトリックスの上部から下部への矢印の示すように，諸事象・現象の特徴を分野ごとにとらえようとする。すなわち，地域の諸事象・諸現象から各研究分野（地形・気候・農業地理学・工業地理学……）における地理的事象・現象・課題（場所的に立地や出現・課題に偏りのあるもの）をみいだして，この地域的広がりを実質地域（結節地域あるいは等質地域）としてとらえ，地域内・地域外の諸要素・諸要因の地域的関係の分類から必要に

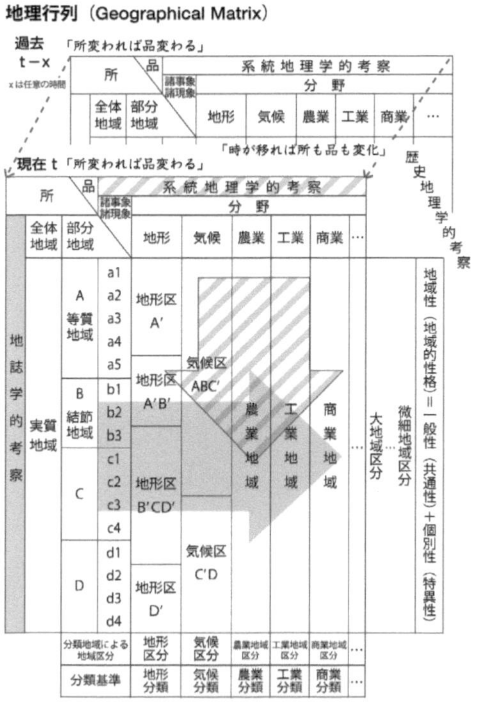

図 1.2.3 「地域」に関する地理行列（筆者作成）

応じてさらに地域区分したりして，この地域内の地理的事象・現象・課題の地域的特徴を追究する考察方法である。

　地誌学的考察では，マトリックスの左側から右側への矢印の示すように，ある実質地域を全体地域として定め（形式地域から出発して研究が進めばこの地域的範囲を実質地域へと修正する場合もある），この地域の特徴ある地理的事象・現象・課題や歴史的過程などから地域性（地域に共通な一般性やその地域に特異にみられる個別性）を明らかにする。さらに，地誌学的に説明するに際しては，この全体地域内をさらに部分地域（等質地域や結節地域）に地域区分したりして，全体地域の地域性を追究する考察方法である。この地域区分では，地域間の地域差が大きな場合または地域間に重要な（きわめて特徴的な）地域性の差異のある場合などには大地域区分となり，地域間の地域差がより小さい場合などには中地域区分・小地域区分・微細地域区分などとなる。

　歴史地理学的考察では，過去の時点での地理的に特徴のある事象や現象・課題の地域的解明をおこなう。また，現時点の地域の存在を歴史的な地域の積み上げととらえて，これらの歴史的な地域の変化（拡大・縮小・変質など）の特徴から時代区分をおこない，それらの時点の地域と地域性の変化の過程や要因などを追究する考察方法である。これらの「地域」にかかわる3つの観点からの考察方法は，日本国内であっても外国であっても同様である。

　図1.2.3でマトリックスとして示した「地域」を，「地域」の重層構造のモデルと，「地域」の階層構造のモデルとで図解的に示した（図1.2.4・図1.2.5）。図1.2.4では，最も大きな沖積平野という自然地域の中に，人文地域のA大都市圏という結節地域や野菜栽培地域・果樹栽培地域・観光地域といった等質地域を配している。結節地域にはその地域を統一する中心があり，これは大都市圏や地方都市での都心地域の中心地機能や駅勢圏の駅機能であったりする。小地域は大地域に包含される場合もあるが，重層的に重なったり，複数の地域にまたがったりもする。図1.2.5では，階層構造を，おもに都市のような結節地域の場合を想定してモデル図にした。下位の地域は，中位の都市を全体地域とする部分地

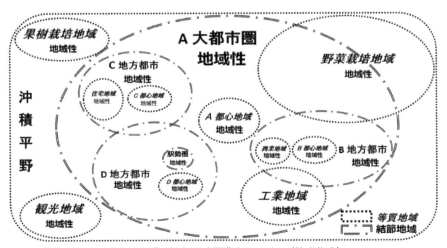

図1.2.4　「地域」の重層構造のモデル（筆者作成）

域となり，この中位の都市は，上位の都市を全体地域とする部分地域となっている。これらの下位の都市と中位の都市，下位の都市と上位の都市，そして中位の都市と上位の都市との関係は，下位から上位に向かっては機能依存・従属的関係であり，上位から下位に向かっては機能補完・支配的関係となる。種々の「地域」はこのような重層的・階層的な入れ子構造になっていると認識される。

3 地理的見方・考え方と海外エクスカーション

　地理的な見方や考え方を確実に身につけておくことは，中学校社会科地理的分野や高等学校の地理歴史科で地理関係の授業をおこなう教員にとって重要なことである。高等学校の学習指導要領地理歴史科の目標でみると，これまでの地理に関する科目では「地理的な見方や考え方を培い」と掲げられている。また，2022年度から年次進行で実施予定の新学習指導要領の目標には，「地理的な見方・考え方を働かせ」と掲げられている。

　平成21（2009）年改訂の高等学校学習指導要領地理歴史科にかかわる解説で，地理的な見方の基本と地理的な考え方の基本について確認してみよう（表1.2.1）。地理的な見方の基本に「諸事象を位置や空間的な広がりとのかかわりで地理的事象として見いだすこと」とある。これを端的にいえば，諸事象のうちから分布に偏りのある地理的事象・現象・課題を，点（地点・位置）としてとらえたり，線（地帯・連続性）としてとらえたり，面（地域・広がり）としてとらえる（縮域的見方・広域的見方）ことである。すなわち，それぞれの分布の限界（地域の境界）を確認し，これを大縮尺の視点でみれば面となり，ある程度の小縮尺の視点でみれば線としてつながり，さらに小縮尺の視点でみれば点としてとらえることができるという視点であり，これをまた可逆的にみることもできる。

　地理的な見方の基本は，日本と外国とで異なるわけではないが，外国では地域的なスケールで日本とはかなりの相違のある地理的事象も存在する。たとえば，日本では地形も農業景観なども箱庭的で，移動すれば景観が刻々と変化する。しかし，アメリカ大陸や中華人民共和国などの砂漠や農地などでは，自動車で移動しても同じ景色が延々と続くことがある。こうした場合，諸事象から位置や空

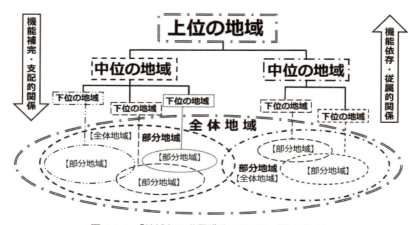

図1.2.5 「地域」の階層構造のモデル（筆者作成）

表 1.2.1 初等中等教育における地理的見方・考え方

地理的見方 地理的考え方	地理的見方の基本	地理的考え方の基本
定義	諸事象を位置や空間的な広がりとのかかわりで地理的事象として見いだすこと。	地理的事象を地域という枠組みの中で考察すること。
解説	どこに，どのようなものが，どのように広がっているのか，諸事象を位置や空間的な広がりとのかかわりでとらえ，地理的事象として見いだすこと。また，そうした地理的事象にはどのような空間的な規則性や傾向性がみられるのか，地理的事象を距離や空間的な配置に留意してとらえること。	そうした地理的事象がなぜそこでそのようにみられるのか，また，なぜそのように分布したり移り変わったりするのか，地理的事象やその空間的な配置，秩序などを成り立たせている背景や要因を，地域という枠組みの中で，地域の環境条件や他地域との結び付きなどと人間の営みとのかかわりに着目して追究し，とらえること。

中学校社会地的分野では地理的見方・考え方の基礎を培う
高等学校地理歴史科地理Ａ・地理Ｂでは地理的見方・考え方を培う

(『高等学校学習指導要領解説　地理歴史編』により筆者作成)

間的な広がりとのかかわりで，場所的に偏りのある地理的事象をみいだすことに，困難が伴う場面も出てくる。その際には，既存の地形図・地質図・植生図など種々の地図類を十分に活用することが有効である。軍事的な問題から，特定の地図類を一般には公開していない国もあるが，現代では衛星画像などである程度を補うことができよう。

表1.2.1の地理的考え方の基本では，「地理的事象を地域という枠組みの中で考察すること」と記されている。「地域」という枠組みについてはすでに前項で述べたが，現実の地域を考える場合には，この「地域」の概念を自由自在に使いこなすことが大切である。一つの地域は，それ自体で，ある地域性をもっているとしても，等質地域的にとらえることも可能であるし，結節地域的にとらえることも可能である。これは研究する視点によって変わるものであり，固定的に既定されているものではない。エクスカーションでは，自分は「移動することによってさまざまな重層的・階層的な地域を横切って通過している」という観点で観察し，これらの地域の境界（地域差のあるところ）を意識して記録することが求められる。

海外エクスカーションは，日本国内ではみることのできない地理的事象・現象・課題を体験できることから，「地域」の理解にきわめて効果的であり，地理教育にとっても地理的分野の教員養成にとってもこのうえない機会となる。その際に，地域的比較の原点として，事前に日本と日本国内の地域性についても十分に理解しておくことが重要となる。

［松井秀郎］

参考文献

正井泰夫（1985）：『アメリカとカナダの風土―日本的視点―』二宮書店，p.151.
松井秀郎（2016）：フィールドワークによる大学生の地理的能力の段階的育成に関する考察。内山幸久編著『地域をさぐる』，pp.257-273，古今書院.
松井秀郎（2017）：地理行列，『Field Note』（改訂版），二宮書店，p.22.
文部科学省（2009）：「高等学校学習指導要領解説　地理歴史編」平成21年12月（平成26年1月　一部改訂）http://www.mext.go.jp/component/a_menu/education/micro_detail/__icsFiles/afieldfile/2014/10/01/1282000_3.pdf （最終閲覧日2018年2月26日）
文部科学省（2018）：「高等学校学習指導要領案」http://search.e-gov.go.jp/servlet/PcmFileDownload?seqNo=0000170358　（最終閲覧日2018年2月26日）電子政府の総合窓口によるパブリックコメントのサイト

第1章 海外エクスカーションの意義

1.3 高校と大学での学修プログラムとしての海外エクスカーション

ポイント
1. 高校等における海外での修学旅行の実施実態を理解する。
2. 大学での海外エクスカーションの学びの仕組みを理解する。
3. 学修プログラムとしての海外エクスカーションの特徴をとらえる。

1 本節のねらい

本節では，おもな大学における海外エクスカーションを事例に，学びの仕組みをまとめる中で学修プログラムとしての海外エクスカーションの特徴を考察する。同時に，高等学校や中等教育学校の後期課程など（以下，高校等）でも，海外での修学旅行が数多く実施され，海外体験の機会や，複眼的な視点で地域の特徴をとらえる能力の涵養の機会が提供されている。海外での修学旅行は，本書の海外エクスカーションとしての特徴を一部共有するものであり，本節でもその実施実態をまとめ，海外エクスカーションとしてみた場合の課題を考察したい。

海外エクスカーションは，地理学的手法などを用いながら，複眼的な観点から広く地域の特徴をとらえようとする活動であり，学校教育においては正規科目や課外活動などさまざまな形態で実施されている。本節では，大学と高校等において正規科目の一部に位置づけられ，一定期間において組織的に実施されている教育活動を学修プログラムとらえた。高校等においては海外での修学旅行の概要，大学においてはおもな地理学科での学びの仕組みの観点から，学修プログラムとしての海外エクスカーションの特徴をまとめる。

2 海外での修学旅行の実施実態からみた高校等における海外エクスカーション

高校等における海外での修学旅行は，実施件数の多さ，また課程・コースや学年全体での参加も一般的という点で，海外での学修プログラムの代表的なものといえる。教育内容の指針となる高等学校の学習指導要領では，修学旅行は，特別活動に含まれる学校行事のうちで，旅行・集団宿泊的行事に区分され（文部科学省，2009），日常とは異なる生活環境を経験する中で「見聞を広め，自然や文化などに親しむ」（同上）などの活動とされている。とくに海外での修学旅行は，日本とは大きく異なる環境を体験し，習得済みの知識を再確認できるなどの教育効果を期待できる。また，私立学校等では，入試広報上，国際化の取り組みをアピールしやすいことからも，海外での修学旅行が選択される場合がある。これらを背景に，全国的に2000年頃にかけて実施校は増加し，ピーク時よりも逓減はしているものの，現在でも，私立学校等を中心に多くの学校が，英語圏の国ぐにやアジア諸国などで修学旅行を実施している。

文部科学省の資料によれば，2015年度に

外国への修学旅行を実施した高校等は、のべ1,279校である（文部科学省，2018a）。なお、この統計は、のべ数であり、同じ学校や参加者が複数の国や地域を訪問した場合、複数カウントされており、実際の実施件数（参加校数や参加者数）よりも大きい数値となる。このため単純に比較できないが、1,279校は、2015年における全国の「高等学校」と「中等教育学校」（中高一貫校）の合計である4,991校の25.6%に該当する（文部科学省，2018b）。1,279校の設置者の区分別では、国立13校、公立463校、私立803校となっており、私立での実施が全体の62.8%を占めている。

年度ごとにみると、1992年度の349校から、2006年度の1,388校まで増加した後、増減を繰り返しながら、2013年度に1,300校、2015年度に1,279校と減少傾向にある。また、のべ参加者数も、2000年度をピークに、全体として逓減している。2015年度に16.5万人であり、2000年度の19.7万人（100%）から3.2万人減少（−16%）した。減少傾向のおもな背景は、長期的には少子化に伴う生徒数と学校数の減少である。『文部科学統計要覧（平成28年版）』によれば、「高等学校」の数は1990年の5,506校をピークに減少しており、2015年にはピーク時の90.6%であり、その生徒数も、1990年の562.3万人から2015年の331.9万人まで減少している。加えて、短期的にはテロや感染症などへの懸念や、政治的な摩擦といった社会環境などにより、中止や国内目的地への変更も多い。たとえば、のべ参加者数は、2000年度（19.7万人）から2004年度（16.3万人）にかけて大幅に減少している。この減少幅は、同じ時期の生徒数の減少よりも大きく、2002～2003年に世界的に拡大したSARS（サーズ：重症急性呼吸器症候群）への懸念などが影響したものと推測できる。

文部科学省（2018a）によれば、2015年度の1,279校の訪問地（目的地）は、英語圏の国ぐにやアジア諸国などの近隣国を中心に、30を超える国・地域にわたる。訪問地の上位をのべ参加生徒数からまとめると、アメリカが最も多く、3.8万人（281校）、次いで台湾の3.6万人（232校）、さらにシンガポール2.3万人（167校）、オーストラリア2.0万人（154校）、マレーシア1.4万人（99校）となっている。このほか、上位にはカナダ、イギリス、ベトナム、ニュージーランド、韓国と続く。英語圏の国ぐにやアジア諸国での実施が中心となっており、実施国や地域の選定では、修学旅行に関する各校の個別の教育目標や課題設定に加え、英語利用の可否といった語学教育との関連や、移動時間や交通費の逓減といった日程や費用の効率化などの観点が重視されていることがうかがえる。

実施期間では1週間程度となる学校が多く、現地での教育活動はかぎられた時間の中で効率的におこなえる内容とならざるを得ない。2017年度において海外での修学旅行をおこなったのべ1,107高校等の旅行日数をみると、全体の86.3%は7日以内である（公益財団法人全国修学旅行研究協会編，2017）。日本国内での移動時間なども考慮すると、訪問地の滞在は実質5日間程度となる。また、多くの公立高校では、設置者である都道府県や政令指定都市の教育委員会が定めた基準に従い、旅行日数は5～6日間であり、さらに短い。

また、修学旅行と連動した事前・事後学修の実施も、海外エクスカーションの教育効果を高める点では重要であるが、多くの高校等では、教科科目の学修時間確保が優先的課題であり、十分な時間を確保することが難し

い。このことは、修学旅行が、教科学修、とくに大学受験勉強に影響の少ない学年に実施されていることからも推測できる。2017年度において海外での修学旅行をおこなったのべ1,107校の実施学年では、全体の87.5%は2年生であり（公益財団法人全国修学旅行研究協会編，2017），受験勉強などが本格化するよりも前の時期となっている。多くの高校等では、事前準備からエクスカーションの実施、事後指導と成果発表という過程を修学旅行に連動させながらおこなおうとしても、指導時間を十分に確保しづらいという課題もみえてくる。

　こうした課題を抱えつつも、一部の学校では、早い時期からの事前指導，実施期間中の主体的な学修活動，事後指導としての報告会などを一体的にすすめるなどの工夫がみられ，生徒による調査を核とした海外での教育プログラムが導入されている。たとえば，東京都内の私立A高校では，フィールドワークを含む修学旅行が企画・運営されており，1年生のうちから訪問地の希望調査や，学習内容の検討がおこなわれ，事前指導が開始されている。2年生には，海外でグループや個人によるフィールドワークをおこない，終了後には気付いた点の振り返り，まとめ，発表などの機会が確保されている。生徒が主体的に学習しながら，座学としての授業内容を海外での体験を通じて定着させることのできる海外地理エクスカーションの特徴を備えた学修プログラムといえる。

3　学びの仕組みからみた大学における海外エクスカーション

　大学では、語学研修や留学など海外での学修活動は数多く実施されており、海外において特定テーマの下で実習・研修をおこなう学修プログラムも増えつつある。しかし、おもに地理学の手法を用いながら、特定地域の諸特徴を広い視野からとらえる能力向上をめざす、海外エクスカーションを正規科目とする大学は多くない。本節では、正規科目に位置づけ、定期的に実施している3大学の地理学科に着目し、授業のねらいや目標や学修内容、カリキュラム上の諸条件といった学びの仕組みから、海外エクスカーションの特徴をまとめる。資料として、各大学のシラバスやホームページの情報を利用し、対象期間は2014〜2018年度とした。

　まず、科目名称、および授業としてのねらいや目標から学修プログラムの特徴を確認したい。科目名称では、3校いずれも「海外」という呼称が用いられ、また、「調査法」や「研究」という用語を用いて、地域に関する調査や研究の知識や技能に関する教育内容であることが明示されている（表1.3.1）。また、2校では「フィールドワーク」や「実地研究」の表現が用いられており、屋外での学修活動が主であることが強調されている。授業のおもなねらいや目標ではいずれも、海外での活動を通じた国際理解や異文化理解の促進が想定されており、高校等の修学旅行の場合と同じく、非日常の経験を通じた学修活動として位置づけられている。ただし、いずれの大学でも、訪問先において特定のテーマに関する調査が組み込まれており、座学として学んだ講義・実習内容の理解促進や技能の定着化が図られている。たとえば、A大学では、「地誌科目等での学修内容やその背景の検証」とされており、講義や実習科目と関連付けて地域理解を深めることがめざされている。

　知識や技能の定着化では、授業時間の確保を含む学修のすすめ方や内容に工夫がみられ

表 1.3.1　おもな大学の地理学科における学修プログラムとしての海外エクスカーションの特徴

	大学名		
	A大学	B大学	C大学
科目名称のキーワード	・海外　・調査法 ・フィールドワーク	・海外 ・研究	・海外 ・実地研究
授業のねらいや目標	・国際理解・異文化理解 ・調査を通じた，地誌科目等での学修内容やその背景の検証	・国際理解・異文化体験 ・調査を通じた地域理解	・国際理解・異文化体験 ・調査を通じた地域理解
選択・必修の別	選択	選択	選択
学科専門科目・その他の別	学科専門	学科専門	その他
単位数	4	2	2
履修対象学年	2〜	1〜 ＊学年指定の年度あり	1〜 ＊学年指定の年度あり
エクスカーションの実施日数	10日前後	10日前後	2〜3週間
事前・事後指導の有無	○	○	○
事前・事後指導の回数	12〜15	15	15
担当教員数（含む補助）	2	1〜2	2
複数回参加（履修）の可否	○	○	○
複数回参加のための工夫	別科目化	別科目化 （全学科目への繰り入れ）	別科目化
別科目化の際の名称	科目名称＋数字	海外研修	科目名称＋数字
目的地の定期的な変更	○	○	○
おもな目的地（実施年度）	・中国（2018） ・スイス（2016） ・アメリカ合衆国（2015） ・フィンランド（2013）	・台湾（2018） ・アメリカ合衆国（2017） ・パラオ（2016） ・スロベニア，クロアチア等（2015） ・ベトナム，インドネシア（2014） ・ネパール（2013）	・フィンランド等（2018） ・北イタリア，スイス等（2015） ・ドイツ（2013）

（各大学のHPとシラバスより筆者作成）

る。まず，十分な現地での滞在期間が確保され，実習時間にあてられている。実施期間では，C大学において3週間近くとなる年度もあったが，いずれも多くの場合，10日〜2週間程度となっている。一般的に長期になるほど参加者の費用負担が増えるため，それらに配慮しながらも，現地での学修指導に必要な日数を確保していると判断できる。また，必要十分な事前・事後指導がおこなわれており，各大学ともに授業回数として15回程度が確保されている。学修内容として，事前に訪問地の地域概要や，海外での調査・研究方法に関する基本を学び，事後にデータ整理や分析に関する指導，報告書の作成や報告会がおこなわれる。こうした教室内での事前・事後の指導と，実体験としてのエクスカーションを組み合わせることで，知識や技能の定着を促している。

次に，事前・事後指導を可能とする学びの仕組みを，単位数，履修対象年次などのカリキュラム上の諸条件という観点から整理する。単位数は2単位または4単位（囲み記事），

履修年次は1年生または2年生以上となっている。ただし、B大学とC大学では大学入学間もない1年生も履修可能である年度もある一方で、2年生以上に対象を限定して実施される年度もみられることから、一定の専門や教養教育を前提とした教育プログラムといえる。この点、2年生以上となるA大学では、現地で見学や観察などの体験がおこなわれることに加えて、土地利用調査や聞き取り調査など研究活動調査実習も組み込まれており、専門教育性が比較的高くなっている。

また、必修と選択の別では、3校いずれも希望者のみが参加（履修）する選択科目である。学生側の費用負担や時間的制約が大きく、また、実施する側でも授業担当教員が少数であるため、参加（履修）者数をコントロールする必要があるといった背景から、希望者による選択科目とせざるを得ない。授業担当教員は、いずれも2名程度であり、教員負担の面からクラスの増設は難しく、学修指導や安全確保の面からも大人数を受け入れることも困難といえる。なお、訪問地での宿泊や移動の手続き、また安全確保といった業務を、教員のみで担うことは難しいため、滞在中、旅行代理店の担当者のサポートを受けることもある（コラム1および2.2参照）。

さらに、学科専門科目か否かでは、専門科目と位置づけるものと、大学や学部全体の一般教育科目とするものとに分かれる。A大学やB大学のように専門科目の場合、参加者は開設学科の学生のみであり、教育上、一定の知識や技能を前提に専門性の高い学修内容にできる反面、費用負担の問題から履修希望者が少数となり、毎年の開催（開講）が困難となるなどの課題も予想される。一方、後者の場合には、希望者を一定数確保しやすい反面、さまざまな専門分野の学生が参加するため、知識や技能、興味関心にもばらつきがあることが多い。このため、特定地域の地理的事象を体系的・専門的に理解させることが難しく、参加者のおもな関心を手がかりとしたテーマや作業課題を設定するなどの対応が必要となる。

参加（履修）者を安定的に確保し、教育効果を高めるため、在学中の複数回履修を可能としたり、目的地やテーマを定期的に変更したりするなど、多くの学生の興味関心を喚起する工夫がみられる。個々の学生は、原則として同一科目（同一名称の科目）は在学中に一度のみ履修し、単位を取得できるとされる。このため、いずれの大学でも、海外エクスカーションに区分される科目では、科目名称を定期的に変更し、訪問地を含めた学修内容も変えている。こうした別科目化は、在学中に複数回のエクスカーションに参加することを可能にし、積極的な参加を通じた教育効果を高める工夫の一つといえる。また、目的地は、高校等の修学旅行のそれと比較すると多岐にわたり、欧米とアジア等とを交互にするなど、学生の多様な興味関心・ニーズに応えようとする配慮がみられる。また、ヨーロッパでは複数国をまたいだ旅程もみられ、多様な観点から見学や実習を可能にしている。

●**大学での学修時間と単位数**

大学での各科目の単位数は、文部科学省による「大学設置基準」に基づき、学修時間や履修方法などの科目特性に応じて定められている。2単位科目の学修時間は、いわゆる予習・復習と授業時間を合わせて90時間であり、このうち講義・演習科目では30時間、実験・実習などの科目では60〜90時間を、それぞれ授業であてることができる。

4 学修プログラムとしての海外エクスカーション

　本節では，高校等での海外への修学旅行の実態や課題の考察，おもな大学の地理学科での学びの仕組みといった観点から，学修プログラムとしての海外エクスカーションの特徴をまとめた。高校等の海外の修学旅行では，実施件数・参加者は多いものの，現地での滞在期間は短く，多様な教育プログラムの実施が困難であり，海外エクスカーションで重視される事前・事後指導をおこなう時間を十分に確保しづらいという課題を確認できた。

　大学では，正規科目としての海外エクスカーションの事例は多くないが，一部の大学では，国際理解や異文化理解の促進とともに，現地での実習などの体験を通じて座学として学んだ講義・実習内容の理解促進や技能の定着化が図られている。現地での滞在期間を確保し，実習などの教育活動にあてるとともに，必要十分な事前・事後指導がおこなわれている。費用負担などの理由から希望者による選択科目と位置づけつつも，各大学では，履修者を安定的に確保し，教育的効果を高めるため，在学中の複数回履修を可能としたり，目的地やテーマを定期的に変更したりするなど，多くの学生の興味関心を喚起する工夫がなされていた。

　兼子・呉羽（2015）も指摘しているように，海外での実習は，体験を通じて座学としての講義内容を深く理解するきっかけとなる。また，海外エクスカーションは，日常とは異なる生活環境を経験する中で既存の知識や経験を相対化することができ，国際理解や異文化理解がすすむなどの教育効果も期待できる。他方，こうした効果は，一定の滞在期間における実習などの十分な教育活動や，他の教科・科目と関連付けた事前や事後の指導を通じて発揮される。明確な動機付けの下での事前・事後指導をおこない，エクスカーションを実施しないと，教育効果が半減し，単なる旅行となってしまう危険性もある。学修プログラムとして海外エクスカーションを導入・実施する際には，育成したい能力・資質を明確化し，滞在中の教育活動を精査し，他の教科・科目と関連付けた事前・事後指導を一定時間確保するといった工夫や仕組みを用意する必要があるといえよう。

〔伊藤徹哉〕

参考文献

兼子　純・呉羽正昭（2015）：「大学教育における海外巡検の実施とその効果―筑波大学地球学類開設「地誌学野外実験A」オーストリア・チロル州巡検の事例―」『人文地理学研究』35，15-30．

公益財団法人全国修学旅行研究協会編（2017）：平成28（2016）年度全国公私立高等学校海外修学旅行・海外研修（修学旅行外）実施状況調査報告．http://shugakuryoko.com/chosa/kaigai/2016-00-all.pdf（最終閲覧日：2018年5月20日）

文部科学省（2009）：『高等学校学習指導要領解説　特別活動編』文部科学省．

文部科学省（2018a）：『平成27年度高等学校等における国際交流等の状況について』http://www.mext.go.jp/component/a_menu/education/detail/__icsFiles/afieldfile/2017/07/06/1386749_27-2.pdf（最終閲覧日：2018年5月2日）

文部科学省（2018b）：『文部科学統計要覧（平成28年版）』http://www.mext.go.jp/b_menu/toukei/002/002b/1368900.htm（最終閲覧日：2018年3月4日）

● コラム1　　海外での学修活動のリスクマネジメント──安全確保と緊急時対応

　海外での学修活動において，不測の事態に直面した場合，参加（履修）者の安全を確保しながら，事態に冷静，かつ臨機応変に対処し，同時に活動の中止・変更・継続を判断しなければいけない。そのためにも，緊急事態や危険を回避，被害を最小化する安全管理に関するマニュアル等を準備し，事態へ組織的に対応するリスクマネジメントが重要となる。リスクマネジメントは企業の経営管理手法の一つとして知られ，リスクを組織的に管理（マネジメント）し，損失等の回避や低減を図るプロセスとされる（中小企業庁編，2016）。海外エクスカーションでのリスクマネジメントは，実施前から実施後までいくつかに大きく分けて考えられる。

　まず，実施前の段階では，担当教員を中心に安全性に配慮した目的地を選定し計画を策定する。目的地の選定は，現地の衛生環境や社会情勢，治安などに関する最新の各種情報を確認しながら慎重におこなう。最新情報の収集では，各種ガイドブックのほか，外務省の海外安全情報（下記のHP参照）や報道，目的地となる国や地方自治体のホームページなどが参考となる。

　担当教員は，教育活動などに関する周到な計画を立案するとともに，各校の規程や慣例による安全管理マニュアルを確認・準備する。安全管理マニュアルには，緊急度や危険度に応じた事態への対応の方針とともに，対応や意思決定に関する業務分担，自校内や関係機関，および参加者の家族との緊急時連絡網などを含める。なお，学内外の関連部局との情報共有は必ずおこない，高校等では自治体や関連機関への情報提供が必要となる場合もある。また，旅行代理店の選定では，一人当たりの料金だけでなく，現地営業拠点や日本人スタッフの有無，緊急時の支援内容も考慮するとよい。添乗員やガイドなどが全期間帯同し，宿泊先や移動時の諸手続などをおこなうことで，担当教員の負担も減り，想定外のできごとや緊急事態に柔軟に対処できる（2.2を参照）。

　また，実施前には参加者本人へ安全情報を正確に説明し，家族などへも情報を確実に伝達する一方，持病など必要な各種情報を収集する。事前指導として医薬品の持参といった健康管理に関する一般的な注意事項に加え，現地の治安や社会情勢など訪問地に特有の事項を正確に理解させる。本人による主体的な安全確保への取り組みといった観点から，既述の外務省HPを閲覧させたり，同省による海外安全情報配信サービス「たびレジ」（下記参照）への登録を促したりしても良いだろう。

家族に対しても，旅程や緊急時の学校側の連絡窓口を伝える一方，学校側から家族への連絡先を確認する。持病の有無や体調の急変時の対処などは，参加者本人と家族等の連名による書面での申告を促し，体調管理に役立てたい。なお，体調管理では性差を考慮しなければいけないこともあるため，担当教員には男女それぞれが含まれていた方が良いだろう。

　さらに，個人として海外旅行傷害保険の加入は不可欠であり，加入を参加の前提条件とする。当該の保険は，「傷害死亡・後遺障害」「傷害治療費用」「疾病治療費用」「疾病死亡」「救援者費用」「賠償責任」などで構成されており，中でも，海外で治療をおこなう確率は比較的高く，これらに関する保険金額は必要十分な額としたい。実施主体である学校側も，「オーガナイザー保険」などの保険に加入し，学校が負担する緊急対応費用，賠償責任，弔慰費用等の支出に備えておく。

　エクスカーションの実施中には，危険性の予測と除去を目的とする指導が最重要であり，適切なタイミング・回数で，注意喚起する必要がある。仮に不測の事態が発生した場合，まず担当者間での情報共有をいち早くおこないながら，正確な情報を迅速に把握するよう努める。安全管理マニュアルなどから事態が緊急で深刻と判断された場合には，在外公館をはじめ学内外の関連部局への連絡，助言や援助の要請などをいち早くおこなうと同時に，エクスカーションの継続，変更，中止を判断する。迅速な情報の把握と伝達のため，担当教員は，目的地で利用できる携帯電話などの通信手段を持参すべきである。参加者にも，レンタルを含めて持参を推奨し，情報共有ができる環境を整えておく。事態の緊急・深刻度を適切に判断し，冷静に対応することが理想であるが，実際には多様な事態が発生しうるので，臨機応変な対応も求められる。さらに，実施後の段階においても，準備から滞在中の反省をふまえ，マニュアルの見直しなどを組織的におこなうことも，海外での学修活動を継続させるうえでは重要であろう。

〔伊藤徹哉〕

参考文献
外務省 海外安全情報HP（2018）：https://www.anzen. mofa.go.jp/（最終閲覧日2018年5月30日）
外務省 海外安全情報配信サービス「たびレジ」HP（2018）：https://www.ezairyu. mofa.go.jp/tabireg/index.html（最終閲覧日2018年5月30日）
中小企業庁編（2016）：『中小企業白書』，p.225.

第2章 さまざまな海外エクスカーション

2.1 海外エクスカーションの多様な実施形態

ポイント
1. 海外エクスカーションの実施目的や形態が多様であることを理解する。
2. 費用や期間などの特徴を理解する。
3. 現地での活動内容の特徴を理解する。

1 はじめに

1.1で述べたように，大学などにおいて，地理エクスカーションとして海外へ行くことには4つの意義がある。これをどのようにおこなうか，どれをどのように組み合わせるかによって，さまざまな実施の形態が考えられる。それに，対象，訪れる地域の特性から与えられる目的が加わり，多岐にわたる。さらに，対象，予算，参加者の金銭的・時間的負担，引率者の制約も加えられて初めて期間，実施方式が決められる。本章では次節以降で，実施方法に焦点を当てて具体的な2つの事例が紹介されているが，3章，4章で紹介される海外エクスカーションの実施形態も多様である。実際に海外エクスカーションをおこなう場合，事前準備・事前調査，海外渡航に関する指導や調査指導，事後のまとめ（調査報告書の作成も含む）のすべて，あるいは一部がおこなわれるのが一般的であり，その実施形態も大きく異なる。そこで，本節では実施目的，期間と費用，および現地での活動という観点から，実施形態について整理してみる。

2 対象に応じた実施目的

海外エクスカーションの実施目的は，おこなおうとする対象科目の分類（特性）や，想定される対象学生に対応して設定される。まず，対象科目の特性を考慮する。大きく4つに分けることができ，一般教育の科目として大学，あるいは学部全体で履修が可能なもの，学部の専門科目として位置づけられているもの，地理学関係の学科の専門科目として開講されているもの，大学院の科目として地理の専門の大学院生が参加するものなどがある。

対象とする学生の範囲は，当該の海外エクスカーションの目的と密接にかかわっている。参加者が地理を専門とする学生に限定されず，対象範囲が広く設定される場合には，引率者が地理学専門の教員の場合でも，国際人を養成する国際教育，海外についての認識を深める国際理解教育のウェイトが高くなるであろう。また，観光旅行的要素も取り入れ，さらに，参加人数を多く設定する場合には，この要素がより高まることが予想される。一般教育科目での実施の場合，学部所属のフィールド系教員の引率の複数コース（あるいは年度替わりのコース）が設定されるた

め，地理学以外のコースもある。1.3で取り上げられているC大学（表1.3.1）の場合がそれに近い形態である。

一方，参加者が地理学を専門とする学生の場合には，上述の一般的な目的は包含されるが，本来の海外エクスカーション実施の意義である，地理的事象の確認や体感，地域の地誌的理解，海外における調査の体験という目的が重視される。大学院生についても学部学生の目的とは大きく異ならないが，少人数であり，より高度な専門的な調査実習のタイプが求められるであろう。

海外活動や語学研修を主目的として，その中で海外エクスカーションの要素を持たせた形態も存在する。2.3で紹介されるものもその一つである。環境保全活動を目的としたスタディツアーのため，自然観察要素が強くなる。語学研修においては地理学系の教員が同行することは実際には少なく，プログラムとして地理学的要素が組み込まれることはまれなので，もし地理学専門の参加者が地理学的要素を期待するとすれば，観光や滞在中の生活の中に地理学的要素を見つけ出すしかない。

3 期間と費用

参加者目線でみたとき，参加するかどうかを決める要素として重要なのは，期間と費用である。

期間については，1.3の通り10日〜2週間程度が多いようである。これは，一般的な海外旅行よりも長めである。地理学的な体験や一般には立ち寄らない場所へ行くこと，調査実習を含める場合など，観光ポイントをただつなげていく旅行とは異なり，より長い日程が必要である。2.2で紹介されているエクスカーションは，ヨーロッパで実施されているものの期間は5日間と短い。これは後述するように現地集合・現地解散であって，前後に自主的にその他の地域を周遊することや，別の地域でおこなわれるもう1つのエクスカーションに参加するためであり，参加者によって異なるが，実質的な日程は10日間より長くなるだろう。参加費用を調査することはできなかったが，場所によって異なるものの，おそらく15〜35万円程度と考えられる。

1.3のC大学の場合，かつては広範囲の移動を伴う4週間程度，参加者の費用負担が50万円程度のものもあったが，現在ではもう少し短期間で安価なものが実施されている。また，1.3のA大学では参加者の費用負担を減らすため，バスなどのチャーター費の一部を学科予算から支出するなど工夫している。

4 現地での活動内容

現地での活動としては，同一の集団で出発から帰着まで同一行動の場合がほとんどである。ただし，計画書を提出したうえでの自由行動の日が設定されることが，地理エクスカーションとしての特徴であるといえよう。一般的なパックツアーでも自由行動日が設けられていることは多いが，オプショナルツアーへの参加が想定されていたり，買い物日としての設定であることが大半である。2.2のようにセミナー形式で現地集合・現地解散のパターンや，2.3のように複数の大学から参加者を集める方式という形態もみられる。

現地における活動内容について，筆者が関与した海外エクスカーションのうち4回について紹介する（表2.1.1）。いずれも出発から

表 2.1.1 筆者が引率した（サブリーダーを含む）海外エクスカーション

実施年度	実施国	テーマ	参加人数	引率教員数	滞在（宿泊）都市	調査日数
2007	イギリス	イギリスの景観を読み解く	24	3	ロンドン（5泊）ドーバー，ブライトン，ポーツマス	全日1
2010	ドイツ，オーストリア，イタリア	南ドイツ・チロル・北イタリアの自然環境と人間生活	18	2	ミュンヘン，インスブルック，ヴェローナ，ヴェネツィア	半日2 全日2
2011	ニュージーランド	ニュージーランドの自然環境，地震災害と人間生活	学部11 大学院3	3	クライストチャーチ，フォックス，グレイマウス，ネルソン，ウェリントン，ロトルア，オークランド	半日1
2013	フィンランド	フィンランドの自然と人々の生活	26	2	ロバニエミ，寝台車泊，タンペレ，ラウマ，ヘルシンキ	半日2 全日1

帰着まで調査および自由行動時間を除き同一行動をとり，実施期間は10日間である。また，参加学生が個人またはグループで調査テーマを事前に定め，日本で地図や資料データに基づいて，事前調査をおこなう。とくに，年度を経るごとにインターネットで入手可能な資料・データ（地形図，衛星画像データを含む）が増えてきたため，事前調査で集められる情報は増えてきている。

2007年度のイギリスでは，基本的にロンドンに滞在，イングランド南部を訪問した。前半の期間においておもにロンドン市内での見学や観察をおこなった。後半の期間において1日の自由時間を設け，ロンドンを中心とした調査活動にあてた。個人行動も認めたため，在ロンドンの友人をたよって調査をおこなう者もいた。

2010年度のドイツ・オーストリア・イタリアでは，国ごとに文化，自然的差異を体感するとともに，基本的に1都市で2泊2日ずつ滞在し，1日を見学，1日を調査にあて，各個人ではいずれか1日を調査日として，グループ行動により，自分の調査をおこなった。個人としての調査予定のない他の学生を調査に同行させた。調査内容は，ヴェネツィアのアックア・アルタといった環境問題やミュンヘン新市街地のまちづくりなど自然や人文分野の多岐にわたった。

2011年度のニュージーランドでは，南島から北島へ移動しながらの見学・観察主体であったが，学部学生と大学院生の合同で実施した。最終日のオークランドで調査日を設け，各自調査をおこなった。

2013年度のフィンランドでは，同国内を広域に移動しながらの見学を中心に実施した。主調査日を最終日のヘルシンキに設定したが，事前準備でおこなった調査内容・場所に応じて，各滞在地において半日程度の自由時間を設けて，グループで行動し調査をおこなった。3年生に関しては，個人でテーマを定めさせた一方で，2年生についてはグループ調査も認めた。

以上のように，同一科目の実施ではあったが，地域の特性に応じて主テーマを定め，訪問地や調査内容を設定するといった多様な活動内容が展開されている。

［島津　弘］

第2章 さまざまな海外エクスカーション

2.2 現地集合による海外エクスカーション

ポイント
1. アルプス地域の地域理解を深める。
2. ヨーロッパの都市やリゾートの景観・機能を理解する。
3. ヨーロッパにしばしばみられる旧市街について，その形態や景観を把握する。

コース（現地集合・解散で4泊5日）：(1日目)インスブルック中央駅集合①→インスブルック市街見学②→(2日目)ハルインチロル旧市街見学③→ブレンナー峠見学④→(3日目)オーバーグルグル着→ロートモース氷河見学⑤→(4日目)ゼルデン見学⑥→(5日目)オーバーグルグル見学⑦→現地解散

図 2.2.1 本節のルート（坂本ほか（2017）（岡田浩平原図）を改変）

1 はじめに

本節では現地集合による海外エクスカーションを取りあげて，その特徴について利点・問題点に注目しながら述べる。具体的には，2014年および2017年に筆者が担当した，オーストリア・チロル州での地誌学野外実験（以下，チロル巡検とする）の事例に基づきながら，計画の立て方，事前指導の方法，教育効果について説明を加える。

なお，2014年では教員2人のほか，TA（ティーチング・アシスタント）3人，学生14人が，2017年では教員2人，TA 4人，学生20人が参加した。以下では，断りのないかぎり2017年の事例をもとに説明する。また，それぞれのエクスカーションに関する報告もすでに公表されている（兼子・呉羽，2015；坂本ほか，2017）。なお，本節は，それらを参照しながら筆者が調整したものである。

2 海外エクスカーションの実施形態

海外をフィールドとしたエクスカーションを実施する場合には，日本もしくは現地の旅行代理店に依頼し，航空券の手配や宿泊先の確保，現地での移動手段の準備を委託する形態（エージェント依頼型）がまず想定されるであろう。一方，現地までの往復（手段，時期，経路）は参加者の自由とし，現地で集合してエクスカーション期間中のみ団体で動き，期間中の一切の手配を教員がおこなう形態（現地集合型）もある。

エージェント依頼型には煩雑な事務手続きや手配作業，金銭管理をすべて業者に委託できる長所がある（兼子・呉羽，2015）。日本からの往復航空券，現地での鉄道チケット，宿泊施設について，大人数分の手配をすべて旅行業者がしてくれるため，教員の負担を減らすことができる。逆に現地の宿泊施設を教員が独自に予約する際には，一部の施設を除いて予約金の送金が必要となる場合もあり，連絡調整に時間と労力を取られる。また，現地で農村地域等へ行く際に利便性が良いのは貸切バスであるが，その手配には旅行会社を頼らざるを得ない。もちろん，現地に協力者がいる場合には，手配の煩雑性は解消されるであろう。

エージェント依頼型のデメリットは，価格がやや高くなることである。加えて，エクスカーションの訪問地やスケジュールを早めに決めなければならず，直前に変更することができないこともあげられる。また，現地での教員による説明も日本語であるし，すべての予約がなされているので，現地の文化に積極的に触れようとしないかぎり，学生にとってエクスカーション中はほぼすべて日本語の使用で済むことになる点も教育上のデメリットなのかもしれない。

3 現地集合型エクスカーションの利点・問題点

現地集合型の長所は，エージェント依頼型の短所と類似する。現地集合型では，柔軟な日程変更が可能となる。直前までエクスカーション内での訪問先をどこにするかを検討することができ，また当日の天候によって午前と午後の行程を逆にするようなことも可能となる。場合によっては市街地での観察時間をその場で柔軟に延長するなど，スケジュールに強く縛られない行動もできる。2017年の

チロル巡検では，チロル州全域の公共交通路線（鉄道およびバス，トラム）に一週間乗り放題のパス（チロルチケット；58.80ユーロ（約7,644円；1ユーロ＝約130円））を購入したため，移動の自由度はかなり高くなった。コスト的には，エクスカーション中に個々に購入した場合の交通費とほぼ同額であった。また，路線バスで一人ずつ精算する必要がないため，大人数での移動時間を短縮することができた。コストという点では，ヨーロッパでの現地集合型で最も消費額が大きいのは航空券である。平均するとおよそ10万円から15万円程度に収まっていた。中東経由であれば，10万円以下の価格であった。

また，参加者である学生がエクスカーション前後の行程を自由に設定できることも現地集合型のメリットである。近年，若者の海外旅行離れが指摘されているが，学生にとって海外エクスカーションへの参加は海外旅行に出かける契機となる。地理学の学生には，さまざまな地域，とくに海外地域について見聞する経験が教育上重要である。2014年と2017年のチロル巡検で，その期間のみヨーロッパに滞在した学生は皆無で，期間前・後もしくはその両方にオーストリア国内や隣接するスイスやドイツ，またフランスなどを訪れていた。

筑波大学地球学類では，地形学を専門とする松岡憲知教授が主催する地形学野外実験がスイス南東部を対象地域として十数年継続して実施されている。2014年と2017年のチロル巡検には，スイスでの地形学野外実験から連続参加した学生もそれぞれ半数程度みられた。このように，別の海外エクスカーションメニューと組み合わせることも可能という点にも現地集合による長所がある。この場合，学生は異なる訪問地域を比較しつつ，ヨーロッパもしくはアルプス地域を理解することができる。つまり，連続した長期日程でエクスカーションに参加することが可能となり，加えて各自の専門性に基づいて一方のみのエクスカーション参加もできる。

現地集合型の問題点も複数あるが，その代表例は言語の問題であろう。訪問地域での意思疎通には現地の言語や英語の使用が求められる。それゆえ，参加者にはある程度の語学能力をもつという条件がつけられる。また，集合に関するリスク，すなわち何らかの理由で集合時間に来られない場合も考えられる。しかし，近年のインターネット環境の向上で，スマートフォン等で即時に連絡がとれる可能性が大きくなり，このリスクは小さい。集合場所の安全性，確実性さえ考慮すれば問題は小さいといえよう。実際に2014年には数名の学生が，鉄道の遅延によって集合時間に遅れることが生じたが，スマートフォン等で連絡がとれたこと，また集合場所がインスブルック中央駅という比較的小規模な駅でわかりやすいことによって対応できた。

4 全体計画の立て方（地域，テーマ，動機付け）

a. 地域とテーマ

現地集合型の海外エクスカーションでは対象地域が限定される。それにかかわる条件としては，現地に関する知識・情報を有する人材，テーマ，治安，物価などがある。この中で最も重要であるのは，現地に関する知識・情報を有する人材の存在である。これは日本の大学教員でも良いであろうし，彼らが現地の大学教員等を確保できる場合もあるだろう。こうした人材は，とくに現地で学生が観察する事象について，相対的に説明すること

ができる。ガイドブックに記載されている内容のみならず、他地域との共通点・相違点や地域スケールを考慮した説明をすることが地理学のエクスカーションでは重視される。また、宿泊や移動に関する手配を独自にすることも求められる。

チロル巡検の場合には、筆者がインスブルック大学に留学した経験をもとに、アルプス地域の理解を大きなテーマとした。オーストリアの治安の良さ、物価は全体としては高めではあるが、安価な滞在が可能であることも対象地域の選定要因である。訪問地は、インスブルックなどの都市的地域、ブレンナー峠の国境地域、ツーリズムや農村を観察できるエッツタール（Ötztal）とした（図2.2.1および表2.2.1）。テーマ構想の過程では、大都市ウィーン滞在も検討した。ウィーンはヨーロッパの大都市を理解するのに適した場所ではあるが、インスブルックとの移動に約5時間を要するため、5日間の日程ではスケジュール的に無理であると判断した。

実際の滞在拠点の一つは、都市的景観の把握ができ、また隣接するハルインチロル（Hall in Tirol）とブレンナー峠（Brenner Paß）へ列車で短時間移動できるインスブルックである。宿泊費を節約するために、ユースホステルを利用した（朝食付き2泊で42.50ユーロ）。インスブルックのユースホステルは市街地中心部からやや郊外よりに位置するが、中央駅や中心部に至るバスが頻繁に走っており便利である。予約は電子メールでおこない、さらに予約金を郵便局から送金し

表 2.2.1 チロル巡検（2017年）の行程

2017年7月28日（金）
13時：インスブルック中央駅集合
13時過ぎ：市街地中心部①（凱旋門、市役所アーケード、マリア・テレジア通り（商業中心部）、旧市街（城壁、街路、王宮））→イン川河畔（イン橋、自治都市）→＜トラム＞→ベルギーゼル②（ジャンプ台、オリンピック都市）→＜トラム＞→インスブルック中央駅→＜バス＞→ユースホステル→夕食（各自）
7月29日（土）
9時頃：ユースホステル→＜バス＞→インスブルック中央駅→＜列車＞→ハルインチロル駅→ハルインチロル旧市街③（市壁、商業施設、教会、街路、外国人集住地区）→＜列車＞→インスブルック中央駅→昼食（各自）→
13時頃：＜列車＞→ブレンナー駅→ブレンナー市街地④（ワイン店、飲食店）→イタリア・オーストリア国境（国境旧検問施設、ショッピングセンター）→ブレンナー駅→＜列車＞→インスブルック中央駅→＜バス＞→ユースホステル→夕食（各自）
7月30日（日）
8時頃：ユースホステル→＜バス＞→インスブルック中央駅→＜列車＞→エッツタール駅→＜バス＞→オーバーグルグル→昼食（各自、インスブルック駅等で調達）
12時頃：オーバーグルグル→＜ゴンドラリフト＞→ホーエ・ムート⑤（トレッカー、放牧）→ロートモース氷河下部（氷河地形）→シェーンヴィースヒュッテ→オーバーグルグル→ゼミ→夕食
7月31日（月）
9時頃：オーバーグルグル→＜バス＞→ゼルデンの諸地区⑥（宿泊施設、農村景観、中心部の商業景観）→昼食（弁当）
13時頃：ゼルデン（土地利用調査）→＜バス＞→オーバーグルグル→ゼミ→夕食
8月1日（火）
9時頃：オーバーグルグル⑦（宿泊施設、集落景観、地形）
12時前：解散（→＜バス＞→エッツタール駅→）

（　）内は説明・観察事項、特記事項
＜　＞内は徒歩以外の移動手段

た。

　インスブルックを拠点として，その中心市街地，ベルギーゼル（Bergisel，ジャンプ台），ハルインチロル，ブレンナー峠をおもな観察場所とした。中心市街地①では商業機能とともに行政機能や高等教育，河川交通，自然について，日本の事例とも比較しながら説明した。同時に旧市街（図2.2.2）の形態や景観について，学生は翌日訪問したハルインチロル（図2.2.3）と比較しながら考えることができた。旧市街はヨーロッパでは比較的普遍的な都市景観要素であるが，これを複数比較して把握させたことは大きな効果があった。またハルインチロル③では，かつての製塩都市としての，また発展を模索する商業都市としての性格，外国人の集住地区と市街地景観整備との関係についても説明した。

　ベルギーゼル②ではオリンピック都市としてのインスブルックの性格を理解し，またそこからインスブルック市街地の形態や谷底，周囲の山地地形を俯瞰した（図2.2.4）。2014年には，インスブルック市街地の北部に位置するノルトケッテ（Nordkette）までロープウェイで移動し，石灰岩アルプス地形やイン川の谷を理解するとともに，市街地の形態を観察した。

　ブレンナー峠④は，オーストリアとイタリアの国境である。日本が置かれた状況とは異

図 2.2.2 インスブルックの旧市街（2017年8月，呉羽撮影）

図 2.2.3 ハルインチロルの旧市街（2017年7月，呉羽撮影）

図 2.2.4 インスブルック市街地東部とイン川の谷（2017年7月，呉羽撮影）

図 2.2.5 ブレンナー峠の国境検問所跡（2017年7月，呉羽撮影）

なる国境の意味，現在は使用されていない国境検問所跡（図2.2.5）などの景観の特徴を把握させた。加えて，学生はオーストリアのEU加盟，シェンゲン協定の実施などのEU統合深化による変化を理解するとともに，アルプス山脈の中で峠越え交通路としてのブレンナー峠の重要性を説明した。

エッツタールでは，谷の最奥部に位置するリゾート，オーバーグルグル（Obergurgl）にある，インスブルック大学のオーバーグルグル研究センター（Universitätszentrum Obergurgl）に滞在した（図2.2.6）。このセンターではゼミ室が利用できるのみならず（有料），宿泊には学生料金の設定があり，比較的安価に1泊2食で滞在ができる（ツインルームで約50ユーロ／人；多人数部屋ではさらに安価に）。一般にリゾートでは安価に夕食をとることが難しく，さらに安価に食材が手に入るスーパーマーケットは週末には休業となるため，大人数のエクスカーションでは夕食付きにすることが望ましい。予約は電子メールでおこなうとともに，5か月前の2017年2月に現地でも確認した。

オーバーグルグル滞在中には，その背後に位置するロートモース氷河（Rotmoosferner）の末端まで一部ゴンドラリフトを利用してトレッキングをし，氷河地形を観察するとともに（図2.2.7），トレッカーの行動生態を把握した。オーバーグルグルの中心部から南へ，ゴンドラリフトに上り乗車しホーエ・ムート（Hohe Mut）⑤に到達し，そこから氷河の末端部を経て，研究センターに徒歩で戻った。また，ゼルデン（Sölden）⑥（図2.2.8）とオーバーグルグル⑦（図2.2.9）という2つの

図 2.2.6　インスブルック大学のオーバーグルグル研究センター（2017年7月，呉羽撮影）

図 2.2.7　ロートモース氷河（右）（2017年7月，呉羽撮影）

図 2.2.8　ゼルデン中心部南側（2017年7月，呉羽撮影）

図 2.2.9　オーバーグルグル中心部（2017年7月，呉羽撮影）

リゾートを観察することで，それらの景観や発展プロセス（呉羽，2017）にみられる共通点と相違点を理解させた。

海外エクスカーションでは，複数の地域を訪問する移動形態をとることが多い。2014年と2017年ともに移動の形式をとったが，両年とも一部土地利用調査の実践を組み合わせた。これは，参加者がすでに授業で土地利用調査を学習していることに基づき，集落景観の詳細な部分を観察することを通じてミクロな視点で地域をとらえることにつながるというメリットをもつ。もちろん，直前の午前中にゼルデン⑥の複数集落を散策し，それぞれで教員が観察のポイントを教示した（図2.2.10）。主要な景観要素は宿泊施設であるが，主要道路沿いの中心部（図2.2.11）に飲食店とスポーツ店を中心として集積する商業施設も重要である。その分布等についても，学生に考えさせた。

b. 学生への動機付け

学生の参加への動機付けは，関連授業の内容を工夫することでおこなった。2017年春学期，講義内容を補完する授業「人文地理学・地誌学セミナー」（一般の演習とは異なる）で，チロル州のツーリズムと農業に関する既存研究を理解する内容を扱った。複数の論文の中から個人の興味で論文を選び，それを事前に読んで理解してから授業時に論文紹介する形をとった。紹介後は時間をかけて議論し，チロル州のツーリズムと農業に関する興味をもたせるようにした。また同学期には，筆者によるヨーロッパ地誌（「世界地誌」）および観光地域（「観光地域論」）に関する講義があり，対象地域を含むヨーロッパ全体の地誌，都市構造，農村景観，観光形態，文化の諸相などについて説明したことも，参加者の興味向上に役立ったと思われる。

5 事前指導と準備

事前指導としてのガイダンスは3回実施した（各75分）。初回は4月中旬過ぎ，学生の年度開始時の履修登録が一段落ついた時期であった。そこでは，エクスカーション日程や訪問地域，学習内容の説明，航空券の手配の詳細，担当教員と担当TAの紹介，現地までの交通費以外にかかるおおよその費用，当日の持ち物の説明などをおこなった。また，期限を設けて，参加意思表明をするように連絡した。

図 2.2.10 ゼルデン・インナーヴァルト集落での説明（2017年7月，坂本優紀撮影）

図 2.2.11 ゼルデン中心部の商業集積地区（2017年7月，呉羽撮影）

続く第2回のガイダンスは，ゴールデンウィーク明けにおこなった。ここでは，前回の補足をすると同時に，事前学習の内容を説明した。それは，当日の現地説明の際に用いる「エクスカーション資料」の作成である。チロル州に関する諸要素を次の10項目に分け，項目ごとに複数の参加者が文献等に基づいて事前に学習し，それぞれの項目で数ページの資料として作成させたものである。項目は①歴史，②地形，③気候・植生，④食文化，⑤多様な文化，⑥農業，⑦産業，⑧交通，⑨行政・政治的制度，⑩観光，であった。

最終のガイダンスは6月20日前後に実施した。ここではエクスカーション資料用原稿の提出のほか，パスポート番号，連絡先情報（実家を含む），購入済みの航空券の詳細情報，往復利用の航空便情報，チロル巡検前後の詳細な行程などを収集した。また，海外渡航歴，アレルギーなどの既往症の状況などの個人的な情報を収集した。個人情報に関するものは教員のみが管理した。

6　説明の事前準備

現地での説明のための事前準備は次のように調整した。同行するTAに一人一か所（一テーマ）の説明を依頼し，その資料を作成してもらった。2017年の場合，ベルギーゼルとインスブルックオリンピック，ハルインチロル，ブレンナー峠であった。TAが作成した説明資料はエクスカーション資料に含めた。それ以外のインスブルック市街地，ゼルデン，オーバーグルグルに関する説明資料は呉羽が作成し，当日持参した。インスブルック市街地については，市の成り立ちや機能，歴史的な変遷，鉄道交通の成立，市街地の発展，商業機能の郊外化と中心市街地の整備などに関して，説明に用いる資料で地図を主体としたものである。ゼルデンおよびオーバーグルグルについては，アルプス地域全体の観光の中で位置づけができるような地図，2地区の宿泊数やベッド数の変遷，宿泊施設の変化，スキー場の拡大を含む土地利用の変化を把握できるような資料である。

ゼルデンで実施する土地利用調査のベースマップの準備，学生が担当する地区の割り振り，土地利用の記録方法についてはTAが実施・説明した。さらに，事後のデータのデジタル化については，教員とTAで調整した。

7　現地集合型海外エクスカーションの実践と事後指導

集合時間に遅れた学生は皆無であった。むしろほとんどの学生は前日にインスブルック入りし，前述のユースホステルに滞在していた。集合当日は施設に荷物を預けて身軽な装備で集まった。

参加者数が多くなると移動に時間を要することがデメリットとなる。教員も含めて15人程度であれば，徒歩や公共交通機関を利用して比較的まとまって移動できるが，それを超えるとさまざまな困難がある。ただし，今回はチロルチケットを購入したため，バスチケットの購入等の手間は省略できた。

ベルギーゼルジャンプ台（図2.2.12）などの施設や博物館では，学生団体料金適応可能となる場合が多い。これはヨーロッパの博物館等で教育機能が重視されているためで，今回は一般料金の半額以下で利用することができた。

公共交通機関の車内や駅でのスリについ

て，そのほかのやや危険な場所や注意すべき点についても説明した。またブレンナーはイタリアであるためパスポートの携行が必須であり，これに関しても注意を促すことが肝要である。

食事については，好みのレストランに入ったり，ファストフード（ハンバーガー，ピザ，ケバブ，パンなど）で済ませたり，スーパーマーケット（図2.2.13）で食材を購入する方法など，さまざまな形態が可能であることを学生に説明した。2017年のインスブルック滞在中は昼食と夕食が自由であったため，学生は自ら考えて英語を駆使しながら食事をとっていた。短期間に，ビールはスーパーマーケットで買うことが最も安いことを体得した学生もいる。一方で，日曜日はスーパーマーケットが営業していないこと（農村では，平日の昼どきや土曜日午後も），しかし駅では営業していることなどの文化の違いも実感していた。

解散の時刻指定については，課題も残った。学生の1グループが解散場所から新目的地への移動時間を見積もり間違え，解散時刻よりも早くオーバーグルグルを出発する羽目になった。最終日の行動は天候次第で臨機応変に考えていたが，解散時刻を明確に伝え，最寄り駅からの移動は何時以降に可能であるかを知らせるべきであった。解散時刻を明確にすることで，学生が次の旅行先へスムーズに移動することが可能となるであろう。

ゼルデンでの土地利用調査時には紙地図をベースにデータ収集をおこなった。しかし，帰国後にそれらのデータをまとめる際にはGISのデータベースとして整備する方針をとり，教員とTAがデータ入力基盤を整備し，学生がそのファイルにデータを入力して提出した。そのほかに，エクスカーション全体を通じて観察したことや自分なりの説明に関するレポートを提出させた。

8 教育効果～結びにかえて

海外でのエクスカーションは，言語環境をはじめ日本国内でおこなうことに比べ困難が多く，実施のハードルは高い。しかしながら，参加学生のほとんどが事後レポートで日本とオーストリアとの地域性の違いに関する指摘をしており，それらを自身の視覚や味覚，聴覚に基づく現地での経験を通じて把握できたと思われる。この点では非常に教育効果が高い。

図 2.2.12 インスブルックのベルギーゼルジャンプ台（2017年7月，呉羽撮影）

図 2.2.13 ゼルデン中心部のスーパーマーケット（2017年7月，呉羽撮影）

さらに，現地集合型では，すべての学生が海外エクスカーション期間の前後に自身の旅行を付加していた。たとえば，オーストリア国内ではウィーンやザルツブルク，国外ではスイス，ドイツ，イタリアなどの諸地域であった。参加学生から提出された事後レポートをみると，チロル州で把握した特性がほかの地域でもみられることや逆にみられないことを比較して理解したり，エクスカーション中にチロル州で観察できたことがチロル州やオーストリアのみでみられる現象や文化であるのか，ヨーロッパに共通するのかといった点をそれぞれの学生が考えている。とくに，これまで海外渡航の経験がなかった学生を中心に，地理的な視野を広げることができたと読み取れる。すなわち，現地集合型では，エクスカーション滞在地域とは別の場所に滞在することでさらに大きな教育効果が得られると考えられる。

現地集合型の目的地として，ヨーロッパは，航空券価格が高いというデメリットがある一方で，治安が良いことや英語が通じやすいことがメリットである。エクスカーション滞在地域以外の地域で自由な行動をする中で，見学，観察，飲食，宿泊を通じてそれぞれの地域の文化や自然に触れることが可能となる。また，観光目的地として人気のある大都市やスポットについては，比較的多くの情報がある。それゆえに，現地集合型海外エクスカーションの目的地として適しているのであろう。

海外での現地集合型エクスカーションは，配慮すべきことが多いうえ，細心の注意が必要となるため教員にとっては負担増となる。しかし，そうした困難を打ち消して余りある効果が現地集合型海外エクスカーションには秘められているように思われる。

　　　　　　　　　　　　　　　　［呉羽正昭］

参考文献

浮田典良・加賀美雅弘・藤塚吉浩・呉羽正昭（2015）：『オーストリアの風景』ナカニシヤ出版.

兼子　純・呉羽正昭（2015）：「大学教育における海外巡検の実施とその成果—筑波大学地球学類開設「地誌学野外実験A」オーストリア・チロル州巡検の事例—」『人文地理学研究』35, 15-30.

呉羽正昭（2017）：『スキーリゾートの発展プロセス—日本とオーストリアの比較研究』二宮書店.

坂本優紀・猪股泰広・岡田浩平・松村健太郎・呉羽正昭・堤　純（2017）：「オーストリア・チロル州における海外巡検の実施とその教育効果」『地理空間』10, 97-110.

淡野明彦編（2016）：『観光先進地ヨーロッパ—観光計画・観光政策の実証分析』古今書院.

第2章 さまざまな海外エクスカーション

2.3 NGOと連携したベトナムにおけるマングローブ植林スタディツアー

ポイント
1. 環境問題を現地観察，森林の保全活動を通して実体験に基づいて理解する。
2. 現地の学生との交流を通して異文化体験と現地に関する理解を深める（国際理解教育）。将来的な当地との交流のきっかけをつくる（国際教育）。

コース（9泊10日）：（1日目）日本発→ホーチミン着（図2.3.1A①）→（2日目）ホーチミン市内見学→（3日目）ホーチミン→カンザー着（図2.3.1B）→エビ養殖池②→森林管理署③→ホテル④→（4日目）日越青少年交流の森で作業⑤→（5日目・6日目）放棄塩田で植林⑥→（7日目）ヴァムサット公園で野鳥観察等⑦→ホーチミン→（8日目）ベトナム人学生とともに市内見学→（9日目）自由行動→（10日目）ホーチミン発→日本着

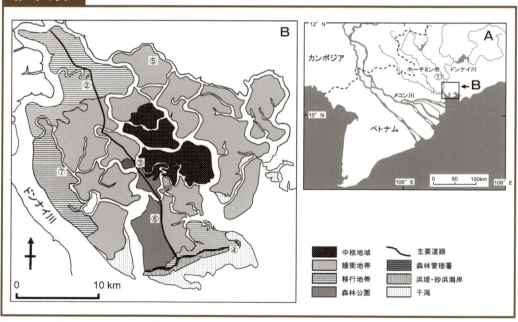

図 2.3.1 本節のルート，およびカンザー地区マングローブ生物圏保全地域のゾーニング
　中核地域：一切の伐採が禁止された生態系保存区域
　緩衝地帯：持続可能なレベルでの森林環境利用区域（ただし現在は伐採禁止）
　移行地帯：居住地，農地等の既開発地域

1　はじめに

　本節では，NGOが企画するマングローブ植林を中心としたスタディツアーに，授業として参加する海外体験学習プログラムを紹介する。このプログラムは見学を中心とした，いわゆるエクスカーションとは異なり，実際に植林作業等を体験することで，一度破壊された自然を再生することの困難さを身をもって学ぶとともに，ベトナム人学生と寝食をともにして協働することで，互いの文化や習慣の違いを理解し，尊重する姿勢を涵養することを目的とするものである。このような体験学習を中心とするプログラムは，一般にスタディツアーとよばれている。

　実施場所はホーチミン市中心部から約30〜60km南東に位置するカンザー地区である（図2.3.1）。ここはドンナイ川が形成するデルタ上に位置し，かつてはそのほとんどがマングローブ林に覆われていた。ベトナム戦争時には米軍による枯葉剤散布によってほぼ壊滅したが，その後のベトナム人自身による積極的な植林によってその大部分が緑に覆われるまでに回復し，2000年にはユネスコの生物圏保全地域に指定された（UNESCO, 2002）。しかし，植林当初は，種子が得やすく苗畑での育苗を必要としない一種類の樹種（フタバナヒルギ）のみを，立地条件を考慮することなくほとんどの土地に植林したため，多様性に乏しい森となるとともに，成長の思わしくない林分も形成された。その後，内陸側の一部には，ユーカリが植えられ藪状の不成績造林地となった土地もある。さらに，植林によっていったん回復した森が，塩田開発等によって再び失われた土地もみられる。近年では土地生産性の低さから，放棄される塩田が徐々に広がりつつある。本プログラムは，名古屋を拠点に活動するNGO南遊の会が，ホーチミン市農業農村発展局，カンザー人民委員会，カンザーマングローブ生態系保全管理委員会（以下，森林管理署とよぶ）と連携して実施している不成績造林地の再造林事業と放棄塩田への植林事業に，ベトナム人学生とともに参加するものである。

2　スタディツアーの概要

　このスタディツアーは，2002年から毎年8月中〜下旬にかけての10日間程の日程で実施されている。筆者は2004年から南遊の会の代表を務めるとともに，2005年からは所属する南山大学総合政策学部総合政策学科の学科科目「学外体験プログラム」の一つに位置づけてきた。2014年からは，立正大学地球環境科学部も学部共通実習科目「環境保全活動実験」として参加している。

　このツアーは一般の学生や社会人も対象に参加者を募っており，毎年日本側から35〜40名程度（スタッフ7〜8名を含む）が参加する。旅行業法では，営利を伴わないスタディツアーであっても，旅行業者として登録されていない団体が参加者を公募することを禁じているため，第一種旅行業者として観光庁に登録されている旅行会社と連携し，ツアーの企画・募集・実施は旅行会社，現地プログラムの企画・運営を南遊の会が担当する形となっている。ベトナム側はホーチミン市にあるホンバン国際大学の主として日本語学科の学生が20数名，国立農林大学の学生が2名程参加する。日本語を学ぶ学生とは日本語で，それ以外の学生とは英語でコミュニケーションをとることとなる。総勢60〜70名の

大人数となるため，国籍，性別，年齢，所属大学等に偏りが生じないように10名前後の班に分け，現場作業等をおこなう際の基本単位としている。

植林等の現場作業は3日間のみである。ほとんどの参加者が初めて経験する熱帯環境下での野外作業を，健康に配慮しながら安全に遂行するためには，これまでの経験から，これが適切な日数と考えている。現場作業以外には，ホーチミン市の戦争証跡博物館でベトナム戦争について学んだり，現地森林管理署でのマングローブ生態系についての学習やエビ養殖池の見学，森林公園での野鳥観察，ベトナム人学生との環境問題をテーマとした討論会などの日程が組まれている。日程の詳細については次項で述べる。

このスタディツアーは事前研修会への出席を参加条件としている。事前研修会では，南遊の会の活動目的，本スタディツアーの意義・目的，マングローブ生態系の概要，安全対策や健康管理に関する留意事項等について十分な情報提供をおこなうとともに，班長や学生代表の選出，現地での役割分担や交流会の準備等をおこなう。帰国後には，学びについての振り返りや次年度以降への改善点を抽出するために事後研修会も実施している。事前研修会は名古屋では7月上旬から8月上旬にかけて3回，事後研修会は9月中旬に1回実施する。関東地区からの参加者は，南遊の会の関東事務局が別途開催する事前研修会に参加することとなる。ベトナム人学生に対しても，ホンバン国際大学および農林大学の教員や南遊の会の現地駐在員によって同様の事前研修がおこなわれる。

3 詳細日程

表2.3.1は標準的なスタディツアーの日程表である。1日目は名古屋と成田からそれぞ

表 2.3.1 スタディツアーの標準的な行程

	交通機関 滞在地	スケジュール
1日目	中部国際または成田 ✈ ホーチミン	午前：中部国際または成田発 夕方：ホーチミン着，ホテルへ
2日目	ホーチミン	午前：戦争証跡博物館見学 午後：スタッフによる市内案内
3日目	ホーチミン ➡ カンザー	午前：ベトナム人学生と合流し，植林地のあるカンザーへ 　　　森林管理署で事前学習，集約型および粗放型エビ養殖池見学 午後：カンザーのホテルにてオリエンテーションおよび植林作業準備
4日目	カンザー	午前：日越青少年交流の森でニッパヤシの下刈り作業 午後：フリータイム
5日目	カンザー	午前：放棄塩田において植林 午後：フリータイム 夜：ベトナム人学生と環境問題等についての討論会
6日目	カンザー	午前：放棄塩田において植林 午後：フリータイム 夜：交流パーティー
7日目	カンザー ➡ ホーチミン	午前：ヴァムサット公園見学（野鳥観察等） 午後：ホーチミンへ移動
8日目	ホーチミン	終日：ベトナム人学生による市内案内 夜：さよならパーティー
9日目	ホーチミン	終日：フリータイム
10日目	ホーチミン ✈ 中部国際または成田	早朝または午前：ホーチミン発 午前または夜：中部国際または成田着

れの便で日本を立ち，ホーチミンのタンソンニャット国際空港で合流する。

2日目は午前中に戦争証跡博物館①を訪れ，班ごとに見学をおこなう。この際，学生たちの理解を助けるため，各班に配属された南遊の会のスタッフが必要に応じて解説をおこなう。午後はスタッフの案内で班ごとにホーチミン市内を散策する。

3日目はいよいよベトナム人学生と合流する。早朝にベトナム人学生が日本人の宿泊しているホテルに集合し，2班ずつ3台の中型バスに分乗して出発する。この際，日本人学生とベトナム人学生が隣同士で座るよう誘導している。カンザー地区まで来ると，2000年代に入り急速に拡大した集約型エビ養殖池②が広がっており（図2.3.2），車内でその解説をおこなう。カンザー森林管理署③に到着すると，まず大会議室で職員からカンザーマングローブ林の歴史，現状，生態系等についての詳細な説明を受ける。この際，日本語への通訳は南遊の会の現地駐在員（浅野哲美氏）が務める。その後，森林管理署の近くにある持続的経営が可能な粗放型エビ養殖池を見学し（図2.3.3），数年で放棄されることとなる集約型エビ養殖池との違いを理解させる。午後，カンザーの宿④に到着すると，ま

ず全員を集めてオリエンテーションをおこなう。ここでは部屋割，カンザーでの過ごし方や留意事項についての説明，スケジュールの確認等をおこなった後，参加者同士がすぐに打ち解けることができるよう，ゲーム等をおこなう。部屋割は，2人部屋は日本人とベトナム人のペア，5〜10人の大部屋は両者が混在するよう配慮している。宿は，おもにベトナム人が利用する海辺のホテルであるが，ホテルというよりも大きな民宿といった方が実態に近い。10年ほど前までは水道もなく雨水を利用していたため不自由を強いられたが，今では水道も整備され，量はかぎられているものの太陽熱温水器で沸かしたお湯のシャワーも利用できる。この宿を10年以上利用しているため，宿側も要領を得ており，居心地の良い環境の中で過ごすことができる。

4日目は，かつてユーカリとニッパヤシ（幹のないヤシ科のマングローブ植物）が植えられ不成績造林地となっていた土地に南遊の会と森林管理署が2002〜2007年の間に再植林した場所（「日越青少年交流の森」と命名）⑤で下刈り作業をおこなう。ここでは，最も成長が良い場所では樹高10mほどに達しているが，旺盛な繁殖力を示すニッパヤシ

図2.3.2 集約型エビ養殖池（2007年8月，藤本撮影）

図2.3.3 粗放型エビ養殖池（2007年8月，藤本撮影）

によって日光が遮られ，成長が思わしくない場所もみられる。そのような場所ではまだ数年はニッパヤシの下刈り作業が求められる（図2.3.4）。2002年と2003年に植林した場所には生育状況をモニタリングするための調査プロットを設置しており，学生数名にはそこで樹木の直径と樹高を測定する調査も手伝ってもらう。現場までは，宿からバスで1時間ほどかけて船着場に向かい，そこから船で1時間ほどかけてたどり着く。8月は雨期にあたり，午後には必ずといってよいほどスコールが降るため，作業は午前中で切り上げて，船の中で弁当を食べながら帰途に就く。宿に帰り着くのは3時過ぎになる。宿では泥と汗で汚れた作業着を各自がバケツを使って手洗いしなければならないが，参加者にとってはこれも良い経験となる。

5日目は放棄塩田⑥での植林作業をおこなう。場所は宿からバスで20分ほどの距離で，道路からもアプローチしやすい。塩田での植林は，そのノウハウが確立されていなかったため，さまざまな樹種を試験植林している。参加者たちは苗畑で育てられた1mほどに育った苗を，深さ30cmほどの穴を掘って植えていく（図2.3.5）。ここでも植林苗の成長モニタリングプロットを数か所設置しており，数名の学生に調査を手伝ってもらう（図2.3.6）。作業は午前中で終了し，宿に戻って昼食をとり，午後はゆっくりとした時間を過ごすこととなる。学生たちはベトナム人学生と海辺のカフェで過ごすことが多いようだ。夕食後は班ごとにテーマを決めて環境問題に関する討論会をおこなう。テーマはカンザー到着後に各班で話し合って設定し，事前に下調べをしたうえで討論会に臨むよう指導している。宿には数年前にWi-Fi環境も整備され，現地での情報収集が可能となった。テーマはゴミ問題や大気汚染といった身近な問題から，原発問題や森林破壊など多岐にわたる。

6日目は5日目に引き続き放棄塩田での植林作業をおこなう。作業3日目ともなると熱

図2.3.5 放棄塩田での植林作業（2016年8月，藤本撮影）

図2.3.4 ニッパヤシの下刈り作業（2016年8月，藤本撮影）

図2.3.6 放棄塩田植林地での成長モニタリング調査（2015年8月，藤本撮影）

帯の暑さにも慣れ，チームワークも向上することで効率よく作業が進むようになる。午後は宿に戻り，使用した道具の後片付けやメンテナンスをしたり，地下足袋をきれいに洗浄する。地下足袋は，森林管理署の職員や地元住民が森林作業等で日常的に使用するため，寄付して帰ることとなる。夜は森林管理署や地元人民委員会の職員を招き，交流パーティーをおこなう。日越双方の学生が，事前に練習した歌や踊りを披露し，大いに盛り上がることとなる。

7日目はカンザーマングローブ林地帯の内陸側に位置し，野鳥の営巣地となっているバムサット公園⑦を訪れ野鳥観察をおこなう。ここでは野鳥の調査研究を専門とする南遊の会のスタッフが観察塔の上で解説をおこなう。夕方にはホーチミン市へ戻り，ホテルにチェックイン後は自由行動となる。

8日目は，ベトナム人の日常生活をうかがい知ることができるような場所を，ベトナム人学生の案内で班ごとにエクスカーションを実施する。夜はさよならパーティーで，再び大いに盛り上がることとなる。日本人学生は浴衣，ベトナム人学生はアオザイで参加し，時には衣装を交換したりもする。

9日目は，各自に行動計画書を提出させたうえで，終日自由行動となる。個人で申し込んだオプショナルツアーに参加する学生もいるが，別れを惜しむかのようにベトナム人学生と過ごす学生が多いようだ。

10日目はそれぞれの出発地に向けて帰国することとなる。毎年ベトナム人学生が空港まで見送りに来てくれて，別れの涙を流す学生も少なくない。

4　まとめ

このように，本スタディツアーは単なる見学や植林体験にとどまらず，ベトナム人学生との交流が参加学生にとっては大きな部分を占める。しかし，その部分だけが心に残るツアーであっては本来の目的を達成したとはいえない。環境意識の向上，積極的に異文化と触れ合おうとする行動力を養うプログラムでなければならない。ツアー参加者の中には，その後ベトナム語の修得を目指し，1年間の長期留学に赴く学生もおり，卒業後にはその語学力を生かし，ベトナムで職を得た学生もいる。このツアーに参加したことをきっかけにマングローブ生態系に興味をもち，それにかかわるテーマで卒業論文を書く学生も毎年のように現れ，中には大学院に進学し，卒論や修論を学術雑誌に公表した学生もいる（たとえば，井上・藤本，2014；Nishino et al., 2015）。ベトナムで現地調査をおこなう際には，このツアーで巡り合ったベトナム人学生とともに調査をおこなったり，森林管理署の宿泊施設を利用させてもらうなど，このスタディツアーでの出会いが大いに役立つこととなる。ベトナム人学生の中にも環境問題に関心をもち，南山大学大学院に留学した学生もいる。

このような成果は，入念な事前準備と事前・事後学習，一つの地域に根を下ろした息の長い活動で育まれる現地組織（森林管理署や提携大学など）との深い信頼関係があってこそ得られたものと考えている。現地での信頼関係の構築は，筆者が現地森林管理署や大学教員とともに長年共同研究をおこなってきたことに加え，ベトナムに根を下ろして活動する現地駐在員による現地組織との日常的な

コミュニケーションによるところが大きい。海外でのスタディツアーの成功は，まずは現地でかかわるひとびととの信頼関係の構築にかかっているといっても過言ではあるまい。それを可能とする一つの方法が，現地に根を下ろして活動するNGOとの連携にあるといえるだろう。

［藤本　潔］

参考文献

井上理咲子・藤本　潔（2014）:「ベトナム南部カンザー地区のマングローブ域に暮らす人々の生業活動の現状と持続可能性」『アカデミア（人文・自然科学編）』7, 151-169.

Nishino, Y., Fujimoto, K., Tabuchi, R., Hirata, Y., Ono, K., Taniguchi, S., Ogawa, T., Lihpai, S.（2015）: Estimation of aboveground biomass in a *Rhizophora stylosa* forest with density developed prop roots in Pohnpei Island, Federated States of Micronesia. Mangrove Science 9: 17-25.

UNESCO（2002）: UNESCO-MAB biosphere reserve directory: Can Gio Mangrove. http://www.unesco.org/mabdb/br/brdir/directory/biores.asp?mode=all&code=VIE+01（February 26, 2018）

第3章 海外エクスカーションの実際（1週間～2週間の実例）

3.1 ヨーロッパを学ぶためのアウシュヴィッツ

ポイント
1. 都市におけるユダヤ社会をヨーロッパの都市構造の中で理解する。
2. ヨーロッパにおけるエスニック集団迫害の実態を強制収容所跡で理解する。
3. 過去の記憶を共有する動きを観察し、そこからヨーロッパ統合について考える。

コース（9泊10日）：（1日目）日本発→ウィーン着→（2日目）ウィーン市内（図3.1.1A）（旧王宮①→市立公園②→シュテファン大寺院③→ウィーン大学④）→（3日目）ウィーン→クラクフ市内（図3.1.1B）（中央広場⑤→ヴァヴェル城⑥）→（4日目）クラクフ発→アウシュヴィッツ収容所跡（図3.1.1C）→クラクフ着→（5日目）クラクフ市内（図3.1.1B）（カジメシュ地区⑦→ゲットー跡⑧）→（6日目）クラクフ発→ウィーン着→（7日目）ウィーン市内（図3.1.1A）（シナゴーグ⑨、ユダヤ博物館→ユダヤ人墓地ロッサウ⑩）→（8日目）ウィーンのエスニック集団に関する観察（ブルネン市場⑪→ナッシュマルクト⑫）→（9～10日目）ウィーン発→日本着

図3.1.1 本節のルート
A ウィーンのルート（浮田ほか，2015より）
B クラクフのルート（MIIPのホームページ（2018）http://miip.geomalopalska.pl/ を一部修正）
C アウシュヴィッツ収容所跡

1 ヨーロッパエクスカーションのねらい

大学生を対象にした地理学の学習指導において，海外でのエクスカーションは，日常から離れた場所で異なる社会文化に触れられることから，強い印象とともに学習意欲を高めることにつなぎやすい。しかも国外に出かけると外国から日本をみることができ，日本の地域的特性を考察する機会にもなる。

とくにヨーロッパは，温帯に属する経済先進地域という点で共通しており，さまざまな側面において日本との比較が可能である。たとえばヨーロッパアルプスでの巡検（エクスカーション）の成果をまとめた前島（1997）は，ヨーロッパの山岳地を観察することによって日本との類似性と異質性に気づき，国際比較という視点を身につけられると意義づけている。またオーストリア・チロルでの巡検を報告した坂本ほか（2017）は，現地でのフィールドワークを通して，ヨーロッパを専門にしない学生の関心が高まる様子を示している。

外国旅行が容易になり情報が豊富になった昨今，ヨーロッパはますます行きやすい場所になりつつある。ヨーロッパへのエクスカーションがフィールドワーク学習にとってどのような意義があり，どのような成果が期待できるのか。ここではアウシュヴィッツへのエクスカーションを事例にして提示してみよう。

2 ヨーロッパエクスカーションのテーマ設定と事前準備

まず，ヨーロッパエクスカーションを立ち上げる際に検討すべき点がいくつかある。

a. 目的の設定

ヨーロッパ学習はさまざまな視点からアプローチできるが，ここではヨーロッパを，(1)多様なひとびとが居住する地域であり，(2)地域と地域が密接にかかわる空間であり，(3)歴史を共有しつつEUによる地域統合を進める地域としてとらえ（加賀美，2011），ユダヤ人に注目する。それは彼らが，(1)固有の文化社会をもち，特定の景観を生み出してきた点でヨーロッパの地域的多様性をもたらしてきた，(2)ヨーロッパ各地に居住して地域間の移動を繰り返し，国家間の関係に深くかかわってきた，(3)民族対立・迫害の歴史と記憶が戦後のヨーロッパの体制づくりに大きな役割を果たしてきた，という事実があるからで，彼らについて学習することがヨーロッパ地域理解に有効であると考えるからである。

b. 場所の選定

都市におけるユダヤ社会を理解するために，ヨーロッパの都市の構造を把握し，ユダヤ人居住の歴史的経緯を確認する。具体的には，オーストリアのウィーンとポーランドのクラクフを訪れる。ここにはシナゴーグや墓地，料理店など彼ら固有の文化・社会を示す景観がみられるほか，迫害の歴史も残されている。次に，ホロコーストの現場である強制収容所跡を訪れる。強制収容所跡は凄惨な殺戮の場であるだけでなく，そうした過去が保存・展示されているため，ユダヤ人をはじめ特定のエスニック集団が迫害された事実を現場で学ぶ貴重な体験ができる。このエクスカーションでは，最も大規模に整備されたアウシュヴィッツ収容所跡を訪れ，ヨーロッパでユダヤ人がたどってきた歴史を理解する。

c. 準備と実施方法

参加学生には現地についての基礎的な知識が不可欠である。ヨーロッパの現地情報は，

書籍だけでなくインターネットを利用すればかなり入手できる。とくにユダヤ人に関する書籍数は膨大で、収容所体験を描いたフランクル（2002）など読むべき文献は多い。また中谷（2012）は、アウシュヴィッツ博物館の日本人スタッフが見学のポイントを手際よくまとめたもので、訪問に便利である。なお、ヨーロッパのエクスカーションでは訪問地の言語の理解が望ましいが、大都市や博物館では英語でかなりの情報収集ができる。

　参加学生はあらかじめテーマを分担して調べ学習をおこない、資料集を作成する。現地では引率の教員による解説に加えて、参加学生はそれぞれに適した見学地で調べた内容を資料集に従って説明する。また、参加者は現場で観察したことはフィールドノートに記録し、宿舎に戻ってから整理する。さらに随時ミーティングを開き、その日に観察したことについての意見・情報交換をおこなうことによって、現場で観察したことを多角的に考えるようになる。

d.　実施の時期

　現地で観察の対象となる事象が最もよく観察できる時期に実施するのが望ましいが、学生の授業スケジュールとの関係から長期休暇に実施せざるを得ない。また、とくに夏季から秋季にかけて航空運賃が高騰すること、冬季は屋外での観察が時間的にかぎられることなども制約条件に入ってくる。3月は比較的実施しやすいが、できれば3月最終日曜日に始まるサマータイムに合わせ、日中の行動時間を確保するのが望ましい。

3　エクスカーションの内容

　エクスカーションの実施内容を、ルートをたどりながら説明する。

　1～2日目：まず、最初の訪問地をオーストリアの首都ウィーンとし（図3.1.1A）、ヨーロッパの都市に共通の構造、すなわち旧市街地を巡る同心円構造を把握する。これによって、都市内部におけるユダヤ人などのエスニック集団の居住を空間的にとらえる。なお、市街地の観察には地図が欠かせない。大縮尺の市街地図は市内の書店で購入できるが、最近は観光案内所で無料配布される地図の質も向上しているので、これを利用する方法もある。

　さっそく旧市街地①～④を中心とした景観観察をおこなう。文化財指定された歴史的建造物の立地と景観、商業施設における伝統ある商店・飲食店の立地や店舗構成などを確認し、旧市街地がCBDとしての機能をもつ一方で、観光空間として発展しているというヨーロッパの都市の特徴（加賀美ほか、2014）を理解する（図3.1.2）。

　3日目：つぎにポーランド南部の都市、クラクフに向かう（図3.1.1B）。航空機が最も便利だが、鉄道やバスも利用できる。クラクフは、1990年代以降の市場経済化とともに活気を帯びている。とくに旧市街地⑤⑥は、第二次世界大戦の被害を受けなかったことから歴史的景観が見事に残されており、1978年

図3.1.2　保存されているハプスブルク王宮跡（2008年3月、加賀美撮影）

に世界遺産に登録されている。ここでは，社会主義体制に置かれた都市の旧市街地の様子を，行政および商業施設の立地に着目して観察し，観光が市街地の発展にとってきわめて重要な役割を果たしていることを知る（図3.1.3）。

4日目：終日アウシュヴィッツ収容所跡の見学になる。クラクフ中央駅前からバスを利用して，約1時間30分ほどのオシフィエンチムというまちに収容所跡はある。かつて3つあった収容所跡のうち，第一収容所跡と第二収容所跡が公開されている。虐殺に関する膨大な資料は，第一収容所跡に建つ往時の建物内にテーマごとに展示されている。世界各地からきわめて多くの来訪者があり，その数は年々増加の一途をたどっている（図3.1.4）。唯一残されたガス室にも並ばなければならないほどである（図3.1.5）。そのため早い時間に到着すれば自由見学が可能だが，通常は参加者がグループに分けられ，博物館スタッフによる説明とともに見学する形がとられる。第一収容所では工場建設など強制労働をおもな目的とする捕虜や政治犯が収容され，虐待された。その現場を確認しながら，ユダヤ人やポーランド人，ロマなどの犠牲者についての資料をみることができる（図3.1.6）。

第一収容所跡を見学後は博物館が提供するバスに乗り，約2km離れた第二収容所跡に向かう。ビルケナウ絶滅収容所とよばれた広大な収容所は，ガス室での大量殺戮を目的に造

図 **3.1.3** 観光客でにぎわう中央広場（2014年9月，加賀美撮影）

図 **3.1.4** 第一収容所で説明を聞く訪問客（2014年9月，加賀美撮影）

図 **3.1.5** 第一収容所のガス室で見学の順番を待つ訪問客（2014年9月，加賀美撮影）

図 **3.1.6** 第一収容所に提示された犠牲者たち（2014年9月，加賀美撮影）

られたところで，その入口は死の門とよばれた（図3.1.7）。ここでもスタッフによる説明が得られる。貨車から降り立ったひとびとを瞬時に選別したプラットホームの跡，証拠隠滅のためにナチスが破壊した巨大なガス室の生々しい残骸，焼却した犠牲者の灰を埋めた池，死を待つひとびとが収容されていたバラックなど，モノを言わない景観が見学者の心を凍てつかせる（図3.1.8）。第二収容所跡での学習には知識と想像力が必要である。

5日目：クラクフ市内を歩きながら，ユダヤ人社会を過去から現在まで学ぶことをめざす。旧市街地の南，カジメシュ地区⑦は，かつて市内最大のユダヤ人居住地区であった。それが大戦中に住民の大半がアウシュヴィッツに送られ，人口は激減した。しかし今もシナゴーグや学校があり，ユダヤ料理店では伝統音楽が演奏されている（図3.1.9）。ヴィスワ川の橋を渡った先には，戦争中に設置されたユダヤ人ゲットー⑧を囲んだ塀の一部が残されている（図3.1.10）。また，近くには映画『シンドラーのリスト』で一躍著名になった工場跡があり，歴史博物館が併設されている。観光名所となっており，多くの訪問者で賑わっている。

6〜7日目：クラクフからウィーンに戻り，ユダヤ人をはじめとするエスニック集団に注目して市街地を見学する。ウィーンでは戦前に規模の大きなユダヤ人社会があったが，その後激減し，現在は数千人といわれている。

図3.1.7 第二収容所の死の門から引き込まれた線路（2014年9月，加賀美撮影）

図3.1.8 破壊されたガス室と焼却炉の説明を聞く訪問者たち（2014年9月，加賀美撮影）

図3.1.9 カジメシュ地区で営業を続けるユダヤ料理店（2014年9月，加賀美撮影）

図3.1.10 旧ゲットー地区に残された塀（2014年9月，加賀美撮影）

その間，ユダヤ人関連施設は放置されてきた。それが最近，その多くが整備の手が加えられるようになり，観光スポットとしても知られるようになった。シナゴーグ⑨や墓地⑩などを訪れて，かつてあったユダヤ人社会を理解するのはもちろん，その破壊された様子から，かつてのユダヤ人住民の運命を想像することができる（図3.1.11）。また，ユダヤ人博物館などの展示も学習に有効である。

8日目：ウィーン市内における外国人をはじめとするエスニック集団の居住地区を訪ね，住宅や商店の様子を観察する。比較的アクセスしやすいのはブルネン小路であろう。ここでは路上にブルネン市場⑪が開設され，おもにイスラム圏のひとびとで賑わっている（図3.1.12）。彼らの暮らしに必要な日用品が比較的安価に売られており，独特の雰囲気を感じることができる。しかし，先に観察した旧市街地が歴史的な景観を求める多くの観光客で賑わっているのに対して，ここでは外国人が集住し，老朽化した住宅が目立っており，今なお一般市民には遠い空間になっている。以上から，ヨーロッパの都市におけるエスニック集団の社会的状況と空間的な配置がよく対応している状況を理解することができる。

なお，ウィーン最大のエスニック市場であるナッシュマルクト（Naschmarkt）⑫との対比も興味深い（図3.1.13）。ここでは外国人による店舗が軒を並べており，出身地ごとに固有の商品が販売されている。訪問者の多くは一般市民であり，観光客も多い。外国人の日用品というよりも，一般市民の好みに合わせた商品が売られているようにみえる。ヨーロッパの都市で暮らす外国人が，自らの食文化を商品化して生計を立てる様子を観察することによって，異なる文化をもつひとびとがいかに共存できるのか，その可能性について考える機会になる。

図 3.1.11 再建中のユダヤ人墓地ロッサウ（2011年12月，加賀美撮影）

図 3.1.12 路上市場になっているブルネン小路（2010年9月，加賀美撮影）

図 3.1.13 巡検の昼食にも利用できるナッシュマルクト（2008年4月，加賀美撮影）

4 現地観察で得られるヨーロッパ地域理解

以上，ユダヤ人を巡る歴史的経緯に着目し，アウシュヴィッツやシナゴーグ，ユダヤ人墓地などを観察することによって，ヨーロッパを理解するためのエクスカーションを紹介した。虐殺の現場をはじめ，変わりゆく旧社会主義国の都市，観光客で賑わう華やかな都市と外国人の市場など印象に残る景観がちりばめられており，教室で一通りヨーロッパを学習した学生にとっても，ヨーロッパを改めて多角的にとらえ直す機会になるだろう。

ヨーロッパには個々の地域に関する資料が豊富にあるうえ，多くがインターネット上にアップされているので，エクスカーション前にあらかじめ必要な情報を収集して学習することができる。また，そうした歴史的過去が現在の景観によく残されているので，現地で景観観察をおこなえば，過去から現在までの地域の系譜を理解することが可能である。

また，近年ますます発展著しいツーリズムの影響もあって，そうした地域情報が博物館や路上案内パネルなどで積極的に発信されており，あるいはガイドツアーに参加すればかなり詳しい情報を手にすることができる。ただし注意しておきたいのは，常に歴史的過去や地域の事情を偏りのない視点でとらえる必要があるという点である。国家や民族の間で紛争が繰り返されてきたヨーロッパでは，特定の地域を巡ってさまざまな欲求が渦巻き，国境線が変更され，あるいは侵略や暴力，迫害，追放などがおこなわれてきた経緯がある。そのため現地で得られる地域情報には，特定の国や民族の思いが込められている場合も少なくない。地域をできるだけニュートラルな視点でとらえて理解してゆく必要があり，そのためには個々の地域にかぎらず，全ヨーロッパ的なスケールの視点が欠かせないと考える。

今回のエクスカーションではオーストリアとポーランドを往復したが，ヨーロッパは短時間で複数の国を訪れることができるのも魅力である。言語や宗教，生活習慣や価値観の異なるひとびとに接することによって，日本国内では経験しがたい，多文化の環境を経験することができる。地域や歴史に対するさまざまな見方やとらえ方があることを知り，多様なひとびとが共生するヨーロッパを理解することも，エクスカーションで得られる貴重な成果といえる。そしてさらに，現地を歩いて理解したヨーロッパの個性を日本と比較することによって，両者間の共通性と異質性に気づき，国際的な視野を養ってゆくことも大いに望まれるところである。

［加賀美雅弘］

参考文献

浮田典良・加賀美雅弘・藤塚吉浩・呉羽正昭（2015）：『オーストリアの風景』ナカニシヤ出版.

加賀美雅弘編（2011）：『EU（世界地誌シリーズ3）』朝倉書店.

加賀美雅弘・川手圭一・久邇良子（2014）：『ヨーロッパ学への招待―地理・歴史・政治からみたヨーロッパ，第2版』学文社.

坂本優紀・猪股泰広・岡田浩平・松村健太郎・呉羽正昭・堤 純（2017）：「オーストリア・チロル州における海外巡検の実施とその教育効果」『地理空間』10（2），97-110.

中谷 剛（2012）：『アウシュヴィッツ博物館案内 新訂増補版』凱風社.

フランクル, V. E.（2002）：『夜と霧 新版』池田香代子訳，みすず書房.

前島郁雄（1997）：「地理学教育における海外巡検―ヨーロッパアルプスを訪れて」『地学雑誌』106（6），789-793.

第3章 海外エクスカーションの実際（1週間〜2週間の実例）

3.2 多民族社会を体感する
——マレーシア・シンガポールの8日間

ポイント
1. 多民族社会を実体験に基づいて理解する。
2. 多民族社会の特色を地理学的な視点から比較しながら理解する。

コース（7泊8日）：（1日目）日本発→クアラルンプール（図3.2.1A）着→自由行動→（2日目）バトゥ洞窟→マスジット・ヌガラ①などクアラルンプール市内②③→自由行動→（3日目）マスジット・ジャメ④→チャイナタウン⑤などクアラルンプール市内⑥→自由行動→（4日目）スズの露天掘り址→マラッカ（図3.2.1B）着→ジョンカー・ストリート⑦などマラッカ市内⑧⑨⑩→自由行動→（5日目）自由行動→ジョホールバル→シンガポール（図3.2.1C）着→自由行動→（6日目）日本占領時期死難人民紀念碑⑪などシンガポール市内⑫〜⑯→（7日目）自由行動→シンガポール発→（8日目）日本着

図3.2.1 本節のルート（A クアラルンプールのルート　B マラッカのルート　C シンガポールのルート）

1　海外エクスカーションの企画の背景

　筆者自身，大学2年生終わりの春（1973年2〜4月），リュックサックを背負って東南アジアに42日間ひとり旅をした。生まれて初めての海外旅行で，しかも，『地球の歩き方』（ダイヤモンド社，1979年創刊）のような「貧乏旅行」に役立つようなガイドブックは皆無であった。今でこそ，このような旅行者は「バックパッカー」とよばれるが，当時はそのような言い方はなく，「貧乏旅行」とよばれた。

　この初めての海外旅行経験が，その後の筆者の人生設計に決定的な影響を与えた。大学教員になり，学生には，海外ひとり旅の効用を訴え続けてきたが，学生の足は重かった。そこで，正規の授業としてではなく，筆者がボランティア的に企画し，1991年，秋田大学教育学部の地理学教室の学生と大学院生を中国（上海・蘇州・無錫）に連れて行った。その後，筑波大学比較文化学類の「文化地理学野外実習」を担当するようになり，国内での実習に加えて，学生の要望もあり海外実習も実施するようになった。2006年には中国福建省の厦門(アモイ)・永定(ヨンディン)（客家円楼）・泉州・莆田(ティエン)（媽祖廟(まそびょう)本山）などを，そして2010年には，松井圭介先生の企画により香港・深圳・マカオを訪れた。そして，2014年には，本節で取り上げるマレーシアおよびシンガポールで実施した。

2　コース設定とそのねらい

　筆者は，日本や東南アジアをはじめ世界各地のチャイナタウンでフィールドワークを実施してきた。また，海外在住の華人の出身地である中国の「僑郷(きょうきょう)」（「華僑の故郷」という意味）の調査もしてきた。このため，前述した3回の海外エクスカーションは，中国で実施した。日本でのメディア報道ではなかなかわからない実際の中国を，学生たちに体験してほしいと考えたからである。

　2014年の筑波大学比較文化学類の「文化地理学野外実習」を海外で実施することになり，今度は中国ではなく東南アジアを訪れることにした。東南アジアが多民族社会であることを，学生に実体験させたいと考えたからである。日本国内で生活していると，多民族社会がいかなるものであるか理解が難しく，今日，日本も多民族化が進んでおり，有意義なエクスカーションになると確信した。

　東南アジアはいずれの国も多民族社会であるが，マレー人，華人，インド人の主要な3民族から構成されるマレーシアおよびシンガポールを訪問地に選んだ。また，シンガポール留学時（1978〜80年）から筆者は両国の各地を頻繁に訪れ，現地案内を依頼する旅行会社のガイド通訳とは異なる地理学的視点から現地説明ができる利点もあった。コース設定において，筆者がとくに注意したのは，訪問の順序である。すなわち，経済発展が著しく，生活水準が高いシンガポールを先に訪れると，マレーシアを訪問した際，学生がシンガポールとの「格差」ばかりを感じるようになる可能性があり，それは避けたいと思ったからである。

　そこで，期間は2014年9月11日から18日までの7泊8日とし，クアラルンプールに3泊したのち，マラッカ1泊，シンガポール2泊（機中泊1泊）とした。

　参加者は学生28人（男14人，女14人），引率教員は筆者と松井圭介先生，および自主

参加として堤　純先生と森本健弘先生が同行された。

　海外エクスカーションの実施にあたり，当然ながら最も学生にとって関心が高いのは参加費用のことであろう。今回のマレーシア・シンガポールのエクスカーションは8日間であったが，学生の費用は，航空券，ホテル代（2人部屋利用），貸切バス，ガイド・通訳，団体行動時の食費などを含めて，1人当たり135,690円であった。

　海外エクスカーションの手配を旅行会社に依頼する場合，一般の団体観光ツアーと異なり，観光コースにはない訪問地を組み込んだりする要望に十分応えてくれるか否かが重要である。今回依頼した旅行会社は，観光コースでない訪問地が多く，貸切バスやガイド通訳をまったく利用しない日も含まれる計画に，よく対応してくれた。

3　事前指導

　出発前には，参加者全員が集まる事前説明会を開いた。と同時に，連絡，情報交換などを速やかにおこなうために，メーリングリストを活用した。このメーリングリストを通して，読んでおくべき文献，有用なインターネットなどの情報，学生への課題の連絡などをおこなうことができ，出発直前の緊急連絡，帰国後の事後指導などでも非常に有効であった。

　海外エクスカーションでは，団体での行動以外に，自由行動の時間を設けることが重要である。海外エクスカーション中に学生の自由行動の時間を設けることは，引率教員にとっては，不測の事態が起こることへの心配がある。この対策として，参加学生には「自由行動時の行動計画書」の作成を求めている。現地の状況について，十分な情報を集め，自分たちの興味関心に基づいて，グループで自由行動時の具体的な計画を立案し，実施することは，非常に重要な経験になるとともに，地理学的センスの活用の実践にもなる。

　今回の海外エクスカーションでは，クアラルンプールおよびシンガポールで7グループ（各4人）を編成した。参加メンバーが互いに知り合うためにも，クアラルンプールとシンガポールでは，異なるメンバーでグループを結成するようにした。

　また，事前に海外エクスカーションの資料集を作成することを課題とした。資料集の項目については，筆者が28項目を立て，各項目はA4判，4ページで構成し，学生はいずれか1つの項目を担当することにした。

4　日程・コースと現地での指導

1日目（2014年9月11日）

　成田空港に8：30集合。マレーシア航空を利用し，成田空港を午前中に出発してクアラルンプール国際空港に夕刻（いずれも現地時間）に到着した。貸切バスでクアラルンプール中心部，ブキッ・ビンタンのホテルへ。チェックイン後，自由行動。初日から夕食は各自でとることとした。

2日目（9月12日）

　ホテルから貸切バスで郊外のバトゥ洞窟（ヒンドゥー教の聖地）へ。市内に戻り，マスジット・ヌガラ（国立モスク）①を見学。ムルデカ・スクエア（独立広場）のクアラルンプール・シティ・ギャラリー②の展示で，クアラルンプールの都市の歴史・現状を学習した。昼

食は筆者の要望で飲茶（ヤムチャ）レストランへ。クアラルンプールの華人社会では広東人が多く，飲茶は広東人の食習慣だからという理由である。昼食後，クアラルンプールの全景を観察するためにKL（クアラルンプール）タワー③の展望台へ移動し，その後，国際ゴム製品展示センター（International Rubber Products Exhibition Centre Malaysia）で，ゴム園とゴム栽培の展示を見学（図3.2.2）。ホテルに戻った後，解散し，自由行動（夕食は各自）とした。

3日目（9月13日）

ホテルで朝食後，筆者の案内でクアラルンプール中心部を巡る（貸切バス，ガイド・通訳は利用せず）。モノレールを利用し，マスジット・ジャメ（市内最古のイスラム寺院）④へ。入口で女子学生は貸出し用のローブをまとい，髪と体の線を隠すという貴重な体験をした（図3.2.3）。次に，筆者が調査してきたチャイナタウン⑤を訪れる。牌楼（パイロウ）（中国式楼門）やアーケードがあるメインストリートのプタリン通り（図3.2.4），広東人の同郷会館である広肇会館，その内部の関帝廟を見学。その後，ヒンドゥー教の寺院，スリ・マリ・マリアマン寺院，セントラル・マーケット⑥を訪れた後，解散。午後は7班に分かれ

図 3.2.2 ゴムの樹液採取についての筆者の説明を聞く学生たち（2014年9月，松井圭介撮影）
国際ゴム製品展示センターにて。

図 3.2.3 モスクに入るために貸し出し用のローブをまとい，髪と体の線を隠す女子学生たち（2014年9月，山下撮影）
マスジット・ジャメにて。

図 3.2.4 クアラルンプールのチャイナタウンでの自由行動（2014年9月，山下撮影）

図 3.2.5 マラッカのサンチャゴ砦（2014年9月，山下撮影）
1511年，マラッカ王国を占領したポルトガルによって建造された。

て自由行動（夕食も各自で）とした。

4日目（9月14日）

ホテルで朝食後，9：00，貸切バスでマラッカ（図3.2.1B）へ出発。まず，クアラルンプール郊外で，スズの露天掘り址（Mines Resort City，中国名：緑野苑）を見学。マラッカ到着後，ジョンカー・ストリート（ハン・ジュバツ通り）⑦，青雲亭（マレーシア最古の華人廟）⑧，サンチャゴ砦⑨を訪れた後（図3.2.5），筆者の要望でニョニャ料理（中国料理とマレー料理のミックスしたもの）の昼食（図3.2.6）。その後，マラッカ・タワー⑩からマラッカの全景を観察。ホテルに到着後，ホテル内のレストランで夕食。食後は，自由行動とした。

5日目（9月15日）

ホテルで朝食，チェックアウト後，午前中は自由行動。12：30に集合し，貸切バスでマラッカを出発。高速道路を通り，シンガポール対岸のジョホール・バルへ。マレーシアの出国手続き後，コーズウェイを通り，シンガポール側で入国審査（図3.2.7）。島国の日本では「国境」を体験することが容易でないことから，マレーシアから国境を越えて，陸路でシンガポールに入ることを学生に体験させることが目的であった。シンガポール側の貸切バスで，シンガポール中心部のクイーンズ・ストリート沿いのホテルへ18：00頃到着。その後，自由行動（夕食も各自で）とした。

6日目（9月16日）

ホテルで朝食後，筆者の案内で半日，徒歩でシンガポール中心部を巡る。まず，戦争記念公園の中の日本占領時期死難人民紀念碑⑪（中国名，「紀念」は記念の意味）を訪れる。1942年，日本軍がシンガポール占領直後，多くの華人を虐殺した事実をまったく知らない学生たちに，歴史を学ばせることが目的。次に，イギリスの植民地行政官，スタンフォード・ラッフルズが，1819年に上陸した地点であるラッフルズ上陸記念の地⑫（図3.2.8），シンガポール河口のボート・キー⑬，シンガポールのCBDの中心，高層ビルのオフィス街，ラッフルズ・プレイス⑭，そしてラオ・バサ（老巴利，「巴利」はバザールのこと）・フェスティバル・マーケット⑮，

図3.2.6 マラッカのニョニャ料理（2014年9月，山下撮影）
見た目は中国料理だが，マレーの食文化の影響を受け，多くの香辛料やココナツミルクが使われている。

図3.2.7 マレーシア側の出国審査場（2014年9月，山下撮影）
マレーシア出国後，再びバスに乗り，両国を結ぶコーズウェイ（ジョホール水道を横断する約1kmの道路）を通りシンガポールの入国審査場に向かう。

図 3.2.8　シンガポールの CBD の高層ビル（2014年9月，山下撮影）
シンガポール川の河口のラッフルズ上陸記念の地にて。

図 3.2.9　福建人街にある天福宮の前で筆者の説明を聞く学生たち（2014年9月，堤　純撮影）

福建人街にあるシンガポール最古の華人廟，天福宮⑯を見学し（図3.2.9），「チャイナタウン」とよばれる広東人街の牛車水（ニューチャーシュイ）⑰で解散。午後は，自由行動（昼食，夕食も各自で）とした。

7〜8日目（9月17日〜18日）

　ホテルで朝食，チェックアウトの後は，班ごとに事前に提出した計画書に沿ってシンガポールを自由行動。16：00にホテルに集合。貸切バスでチャンギー空港へ。マレーシア国際航空を利用し，チャンギー空港から帰路につき，クアラルンプール国際空港にて乗り換えて，成田へ向かう。翌朝9月18日に成田空港到着後，現地解散とした。

5　事後指導

　エクスカーション終了後，学生にはレポートの作成を課した。提出締切りは，帰国後3週間としたが，これは記憶が薄れないうちに，成果をまとめ上げるトレーニングの意味を含んでいた。レポートは，「テーマ編」および「感想編」の2種類を求めた。テーマ編は何らかのテーマ（各自で決める）を中心に論じたもので，感想編はエクスカーション中に感じたことを，エッセイ風に書いたものである。レポートには，図・表・写真を貼り込み，テーマ編の最後に文献リストを掲げるとともに，本文だけでなく図・表・写真にも，出典を必ず明記することを求めた。これは，インターネットなどの情報や文献の安易な，いわゆるコピペを防ぎ，自分の眼でみたこと，体験したことなどのオリジナリティの重要性を認識させるねらいがある。

　提出されたレポートの多くは，期待どおりオリジナリティに富んでおり，今回のエクスカーションが貴重な体験になったことがうかがわれた。班に分かれての自由行動においても，かぎられた時間を有効に使って，観光地巡りではなく，積極的に現地のひとびとの生活を知りたいという意欲がうかがわれた。また，自由行動時にトラブルなどの発生も皆無であった。エクスカーション中に若干の学生が下痢など体調を崩したが，大事には至らなかった。参加学生28人のうち，文化地理学専攻者が14人いたが，そのうち3名が，後に筑波大学の大学院博士前期課程に進学し，人文地理学の研究に取り組んだ。

［山下清海］

第3章 海外エクスカーションの実際

3.3 自然と社会のダイナミズム
―― アメリカ合衆国・ワシントン州

ポイント
1. 日本との自然環境の違いについて理解を深める。
2. ワシントン州の産業と交通の多様性を理解する。
3. シアトル大都市圏の地域構造と文化を理解する。

コース（10泊11日）：（1日目）日本発→シアトル着①→（2日目）ダウンタウン②→クルーズ船→（3日目）講義→インターナショナル・ディストリクト→（4日目）マウント・レーニア③→（5日目）パイクプレイス・マーケット②→MLB観戦→（6・7日目）コロンビア盆地④⑤⑥→（8日目）大学寮周辺での住宅景観調査①→（9日目）ボーイング社エヴァレット工場見学⑦→マイクロソフト社見学⑧→（10日目）シアトル発→（11日目）日本着

ルートマップ

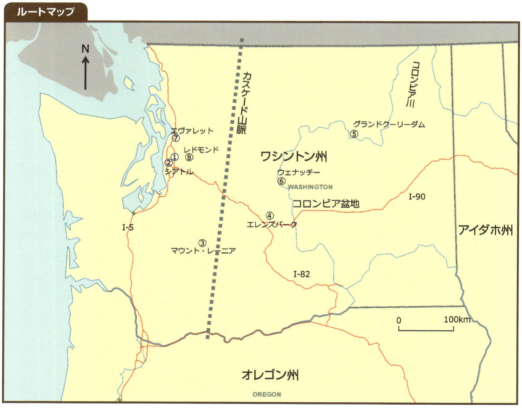

図 3.3.1　本節のルート

1 はじめに

本節では，日本から最も短時間で行くことのできるアメリカ合衆国西海岸都市のシアトル市およびワシントン州東部地域（コロンビア盆地）でのエクスカーションについて，計画から実施をとおして得た経験と課題を2008年と2015年の実例に基づき報告する。筆者が同地域を最初に訪問したのは1995年夏のことであり，2003年にはシアトル市にあるワシントン大学地理学教室に客員研究員として滞在した。かつて同教室では，日系二世のジョージ・カキウチ名誉教授が教鞭を執っていたこともあり，多くの日本人地理学者が訪問・滞在した。筆者がこの地域において，二度にわたるエクスカーションを実施できたのは，先学から知識や観察地を受け継がせていただいたおかげでもある。

2 エクスカーションのねらい

紹介するエクスカーションは，筆者の所属する大学の「海外調査法およびフィールドワーク1・2」（計4単位）のすべてであり，2008年に筆者（チーフ）と小松陽介准教授（サブチーフ），2015年に筆者（チーフ）と松尾忠直助教（サブチーフ）とで実施した（職階は当時のもの）。このエクスカーション実施にあたっては，筆者が客員研究員として滞在していた2003年に，日本大学地理学科の永野征男教授が二十数名の学生とともにこの地でエクスカーションを行い，その補佐をさせていただいたこと，さらに，滞在中に現地で購入した地図類，書籍，大学図書館での収集資料によるところが大きい。こうした経験と資料をもとに，次のようなねらいを定めた。

第1は，日本との自然環境の違いを実感することである。東岸気候の日本と西岸気候のアメリカ合衆国太平洋側とでは，雨季と乾季が逆の季節となる。さらに，シアトルから高速道路で2時間ほどを東方へ移動すると，ステップ気候の景観が観察できる。

第2は，産業と交通の多様性を理解することである。北海道より少しだけ長い開拓の歴史を有するシアトルおよびワシントン州では，林業や水産業を中心とする第1次産業から，第2次・第3次産業へと軸足を移行させたようすが平易に観察できる。そうした産業は，太平洋側のフィヨルド地形とコロンビア川などを利用した舟運と，道路交通→鉄道交通→高速道路そして再び鉄道交通網を整備させつつある陸上交通によって支えられている。

第3は，大都市の地域構造と文化の理解である。19世紀後半，カナダ北西部クロンダイク（Klondike）での金鉱発見により，シアトルは当該地への渡航拠点となり，一気に都市が拡大する。現在ではそうした時代の建物の再開発が進み，都心部ではアマゾン・ドット・コム社の本社の建設やバイオテクノロジー企業に代表される，新しいビジネスの展開も観察できる。また，都心部に近いかつての倉庫街は，MLBやNFLなどのプロスポーツの拠点となり，それらに熱狂する市民も観察したいと考えた。

3 全体計画と事前指導

このエクスカーションは地理学科開設科目の一つであり，実施する前年12月の説明会が事実上の始まりである。その全体計画は，〈説明会→参加者募集→事前指導→エクス

カーション→事後指導・実施報告書作成〉から構成されている。

説明会では，担当教員，エクスカーションのテーマと実施内容，実施期間，募集定員，参加費用，そして今後の予定を10枚程度のスライドを使用して説明した。

参加者募集は，1月下旬から2月下旬にかけておこなった。応募する際の課題として，スターバックス社，マイクロソフト社，アマゾン・ドット・コム社など，シアトルで起業された代表的企業と自身の生活とのかかわりを文章にまとめ，提出してもらった。3月下旬には応募した学生に対し，10分程度の面談をおこなっている。面談では，保証人の了解と学生自身の健康面の確認を中心とした。これらにより，16名の参加学生（2年生4名，3年生12名）が確定した。

事前指導は，5月中旬から8月上旬にかけて計6回，火曜日6時限に実施した。6つの班を編成し，エクスカーションのコースに関連付けた11テーマについて配付資料をまとめ，各班15分程度で報告し合った（図3.3.2）。資料については，図書や論文そしてインターネット上の日本語情報を中心としたが，一部は筆者が現地で購入した図書や収集資料を使用した。

エクスカーション直前の最後の事前指導では，参加にあたっての注意事項を配布した（図3.3.3）。内容は筆者の現地経験に基づくもので，とくに時差や夏場の日射による健康管理，チップの支払い等について注意を払った。また，エクスカーションの性格上，基本的な度量衡の換算値についても暗記しておくよう指導した。

こうした学生指導に並行し，学内手続きと

「海外調査法およびフィールドワーク１」の授業について

Ⅰ　授業日
5月12日（火）　17時50分～19時20分
6月2日（火）　〃
6月9日（火）　〃
6月30日（火）　17時50分～20時（旅行会社担当者説明）
7月14日（火）　17時50分～19時20分
8月4日（火）　〃
教室はAC417

Ⅱ　授業内容
1．アメリカ北西部とワシントン州について
ワシントン州に関する以下の内容について下調べをし、文章・図表・地図・写真等によりA3で1枚（両面）に要約し、15分程度で報告。
6月2日　①位置と地形（B班）　②気候（C班）
6月9日　③歴史と交通（C班）　④産業と都市（E班）
6月30日　⑤人口変遷と分布（A班）　⑥果樹と野菜（D班）
　⑦小麦・牧草と牧畜（B班）
7月14日　⑧マウントレレーニア国立公園（火山・氷河）（E班）
　⑨ワシントン州東部の地形と気候（D班）
8月4日　⑩コロンビア盆地の開発（灌漑・電源）（F班）
　⑪カスケード山脈内の観光（A班）

2．シアトル大都市圏について
内容について下調べをし、文章・図表・地図・写真等によりA4で1枚（両面）に要約して8月4日に提出。いずれもシアトル大都市圏と関連付けてまとめる。現地で説明。
ボーイング社（B班）　マイクロソフト社（D班）
アマゾン社（F班）　プロスポーツ（A班）
ワシントン大学（E班）　交通（C班）
民族と人種（F班）　パイクプレイスマーケット（E班）
ダウンタウン（C班）　ショッピングセンター（D班）
ワシントン州交通の発達誌（全員）

図 3.3.2　事前指導の授業日と内容

海外調査法およびフィールドワーク参加にあたって

1．渡航準備と機内にて
・必須の持ち物（パスポート、サングラス、帽子、フィールドノート、クリップボード、サンダル、歯ブラシ、現金、カメラ（要ストラップ）、パスケース、携帯電話（充電器））、スーツケースの鍵の予備
・あると便利な物（買い物用エコバック、洗剤、LANケーブル、ボディタオル、シャンプー・ボディーソープ（小型ボトルに入れてスーツケースへ）、二叉（三叉）コンセント）、携帯電話マニュアル（日本国外からの発信方法）
・当日の連絡先（集合に遅れそうな場合）
　鈴木携帯（080-####-####）　松尾携帯（090-####-####）
・飛行機内用の長袖シャツやトレーナーを機内持ち込み用バッグに入れておく。

2．フィールドワーク期間中の注意
時差：飛行機内で十分な睡眠を。到着して3～4日は時差ボケ状態（朝起きられない、午後に眠くなる）。つまずきやモノの置き忘れなどに注意。
寒さ：曇ると寒いので注意。長袖シャツを必ず用意。重ね着で対応。
日射：帽子とサングラスで対応
行動：単独では行動しない。全体および班単位（2名以上）行動が原則。身勝手な行動や深夜・早朝の外出は厳禁。
チップ：荷物を運んでもらうなどのサービスを受けたらチップを渡す。ポケットに1$札を何枚か入れておくと便利。
　レストランでは昼食時は飲食代の10%、夕食時は15～20%が目安。
フードコートやファストフードなど先払いの飲食店は不要。チップ用の箱を置いている飲食店もある。

3．フィールドワーク期間中にすべきこと
・テーマを持った観察と写真撮影（来年度、立正地理学会において地理写真を展示）
　A班：住宅と商業　B班：地形　C班：気候と植生
　D班：農業と土地利用　E・F班：都市と交通
・農場聞き取り用質問項目の準備
　C班：牧草および小麦農場　D班：リンゴ農場
・リレー日記（400～600字前後で一日の行動内容、観察したこと、印象等を日記に記録）
　19日（A氏）　20日（B氏）　21日（C氏）　22日（D氏）
　23日（E氏）　24日（F氏）　25日（G氏）　26日（H氏）
　27日（I氏）　28日（J氏）　29日（K氏）
・観察したことや印象に残ったことは夜のうちにフィールドノートに記録する

4．度量衡（換算値を暗記しておく）
長さ：1 mile〈マイル〉　→1.6km
　1 feet〈フィート〉　→30cm
　1 inch〈インチ〉　→2.54cm
広さ：1 acre〈エーカー〉　→0.4ha（63m四方）
重さ：1 lb〈パウンド〉　→453g
容積：1 gallon〈ガロン〉　→3.8l
　10oz〈オンス〉　→300ml
温度：華氏60～90度は、人間の体温の60～90%に相当（摂氏換算）
日本との時差：夏時間の西海岸は日本より8時間先行。日にちは1日前。
お金：1$=______円　シアトル市の消費税（買い物・飲食9.6%、宿泊15.6%）

図 3.3.3　参加にあたっての注意

して，4月の学科会議においてスケジュール
と参加学生名簿の配付と確認，さらに，6月
の教授会においても参加学生名簿および学内
での緊急連絡網に関する文書を配布し，実施
のための承認手続きを進めた．参加費用（旅
行代金24.8万円／人）は，学生および保証人
（家族）から旅行会社へ支払う形をとり，8
月上旬にはすべてを完了させた．

 4　エクスカーションの実施

　エクスカーションは，2008年・2015年と
もに11日間（内，2日間は移動）で実施した
（表3.3.1）．おもな宿泊先はシアトル市にある
ワシントン大学内の訪問者用の大学寮
（Hansee Hall）であり，朝食と夕食は併設さ

表 3.3.1　エクスカーションの行程（2015年8月実施）

	日付	発着地	現地時刻	交通機関	スケジュール	朝	昼	夜	宿泊
1	8/19 (水)	成田空港 発 シアトル 着	14:00 16:45 09:34 昼頃	DL166 専用車	成田空港第1ターミナル北ウィング4階 Cカウンター前に集合 空路デルタ航空にて、一同シアトルへ向かう *****途中国際日付変更線通過***** 入国手続き後、専用バスにてワシントン大学へ 大学寮にチェックイン後、キャンパス内および周辺の見学	機	C	機 C	Hansee Hall
2	8/20 (木)			市バス	午前：west kaje CenterとSeattle Center-Space Needle見学 午後：Locks Cruise (12:15-15:00)とPike Place Market見学	C		C	Hansee Hall
3	8/21 (金)			市バス	午前：キャンパス内にて講義 午後：International District巡検	C	C	C	Hansee Hall
4	8/22 (土)		08:30 17:30	専用車	終日：Mt.Rainierとwest Seattle、AiKi Beach巡検	C	B	C	Hansee Hall
5	8/23 (日)			市バス	午前：グループ別調査 午後：Seattle Mariners野球観戦	C		C	Hansee Hall
6	8/24 (月)		08:00 17:00	専用車	Colombia Basin巡検1日目 ワシントン大学発 Anderson Hay & Grain (Ellensburg), Ginko Petrified Forest Museum (Vantahge), Royal City, Dry Falls (Eharata) Coulee Cityのモーテルにチェックイン	C	B	R	Coulee House inn
7	8/25 (火)		09:00 18:00	専用車	Colombia Basin巡検2日目 モーテル発 Washington Apple Commission Visitor Center, Stutzmans Ranch Orchard (Wenatchee), Leveanworth ワシントン大学着	R	R	C	Hansee Hall
8	8/26 (水)				終日：グループ別調査 夕方：Universithy Villageにて夕食会（16:30〜）	C		R	Hansee Hall
9	8/27 (木)		09:00 17:00	専用車	午前：Boeing Everett Factory Tour (10:00〜) 午後：Northgate Mallにて各自昼食後、航空博物館見学 Eastside (Bellevue, Redmond-Microsoft Campus, Kirkland)	C		C	Hansee Hall
10	8/28 (金)	シアトル発	08:00 12:36	専用車 DL167	大学寮チェックアウト後、空港へ 一同、帰国の途へ	C		機	機内泊
11	8/29 (土)	成田空港 着	14:35		成田空港到着、入国手続後、解散	機			

食事記号：(C) 大学内　(B) サックランチ　(R) レストラン　(空欄) 各自

れた大学食堂を利用した。表3.3.1より，2015年に実施したエクスカーションのスケジュールの要点を概説する。

初日は，現地時間午前にシアトル・タコマ国際空港に到着。貸切バスで高速道路（I-5）を走り，シアトルのダウンタウンを見ながらワシントン大学に到着して大学寮①にチェックイン。大学寮使用に関するガイダンスの後，各部屋に入り，その後に昼食。午後は，キャンパス内とその周辺に広がる大学街を見学し，滞在中に利用の予想される店舗等を筆者が案内した。長旅と時差ボケによる疲れも出ているので，16時頃には終了した。

2日目はダウンタウンのエクスカーションである。バスを使用してダウンタウンに赴き，都心部の形態と構造そして再開発のようすを，ランドマークでもあるスペースニードル展望台②から観察した。午後はウォーターフロントからクルーズ船に乗船し，海側からダウンタウンや港湾施設の景観（図3.3.4），フィヨルド地形の海岸線，内陸側の湖との間に設置された閘門の通過，ヨットやクルーズ船の造船所，湖畔の浮き家などを観察し，再びダウンタウンへ戻った。

3日目の午前は，ワシントン州の日系人農業を長く研究された横畠康吉元四国大学教授による講義を受けた。午後はシアトルの都心外縁部に位置するインターナショナルディストリクトにバスで移動し，旧日本人街，現在のチャイナタウンやベトナムタウンのエクスカーションをおこなった。アジア系移民を対象とする店舗や飲食店，そして居住者や来街者を観察した。

4日目は日本と同じ環太平洋造山帯に位置し，カスケード山脈に聳えるマウント・レーニア（Mt. Rainier）③へ貸切バスを使用して移動し，エクスカーションをおこなった。車中からはシアトル大都市圏の範囲や近郊農業の生産地を，下車してからは国立公園の仕組みや自然保護の取り組み，成層火山における山岳氷河とそれによる地形などを観察した（図3.3.5）。

日曜日にあたる5日目の午前中は，予定を変更して，ダウンタウン近くの常設市場パイクプレイス・マーケット②の見学と自由行動をした。午後からは，シアトル・マリナーズ

図3.3.4　クルーズ船からのシアトル市ダウンタウン（2015年8月，鈴木撮影。以下，特記ない限り同じ）

図3.3.5　マウント・レーニアのトレイルにて

図3.3.6　マリナーズ×ホワイトソックス戦

のホームグラウンドであるセーフコ・フィールドへ移動し，シカゴ・ホワイトソックス戦を観戦。MLB公式戦をとおし，アメリカ文化を実感する（図3.3.6）。

6日目と7日目はワシントン州東部コロンビア盆地への1泊2日のエクスカーションである。2日間，貸切バスを使用した。前述したように，地中海性気候のシアトルからステップ気候のコロンビア盆地へ移動し，半乾燥地域の景観と企業的農業を観察することがねらいである。コロンビア盆地の入口にあたるエレンズバーグ（Ellensburg）④では，干し草の集出荷を行うアンダーソン社（Anderson Hay & Grain Co., Inc.）を訪問した。同社は，コロンビア盆地で生産された干し草を顧客の需要に応じてブレンドし，家畜や競走馬の飼料，そして敷き藁として，日本をはじめとするアジア方面へ広く輸出している（図3.3.7）。続いて溶岩台地の断面景観の美しいコロンビア川に架かる橋を通過し，センターピボット方式による灌漑農業のようすを観察した（図3.3.8）。この日は，1930年代のTVA方式による地域開発の1つとして建設されたグランドクーリーダム⑤袂にあるモーテルに宿泊した。

7日目は前日通過しただけのドライ・フォールズ（Dry Falls）を見学し，続いて溶岩台地上に広がる春小麦畑を通過して，果樹の街ウェナッチー（Wenatchee）⑥を目指した。ウェナッチーでは，ワシントン州のApple Commissionを訪問し，リンゴ生産の現状と海外輸出の概要を学び，続いて生産農家で観光果樹園を営むStutzmans家の農園（Stutzmans Ranch Orchard）を訪問。通訳を介して聞き取り調査を実施した（図3.3.9）。聞き取り内容は，農園の経緯，栽培品種と経

図 3.3.7 アンダーソン社見学（撮影は松尾忠直氏）

図 3.3.8 センターピボットによる灌漑

図 3.3.9 Stutzmans家での聞き取り

図 3.3.10 Stemilt社でのリンゴの箱詰め作業

営耕地，用水，労働力等に及び，ヒスパニック系のひとびとに強く依存する果樹生産の実態を学んだ．午後，果樹の集出荷企業大手のStemilt社（Stemilt Growers）を訪問し，企業的農業による果樹生産と流通に関する説明を聞き，施設を見学した．施設内ではリンゴの集荷と選別，そして箱詰め作業が盛んにおこなわれていた（図3.3.10）．ステップ気候下での灌漑農業と企業的農業の実際を体験した2日間であった．

シアトルに戻った8日目は，休養を兼ねて大学寮周辺の住宅景観調査を班単位でおこない，夕食は大学近くの中華料理店でとった．

9日目はシアトルを代表する企業であるボーイング社のエヴァレット（Everett）工場とマイクロソフト社の見学である．かつて，シアトルとその周辺はボーイング社の企業城下町ともよばれ，同社の経営状況は地域経済に大きな影響を及ぼしてきた．われわれは貸切バスを使用し，午前中はシアトル市北方のエヴァレット工場敷地⑦に入り（図3.3.11），B787やB777の組み立てや塗装の工程を見学．翼などの主要部品を日本などから空輸するドリームリフターも確認できた．午後は再びシアトルに戻り，ボーイング社の創業地近くにある航空博物館を見学．続いて，シアトル市の北東方のレドモンド（Redmond）にあるマイクロソフト社のビジターセンター⑧を訪問した（図3.3.12）．大都市郊外におけるキャンパス型オフィスの立地と，高所得者層が多く居住するコミュニティを観察した．

10日目は朝食後に大学寮をチェックアウトし，貸切バスで空港へ移動．搭乗手続きを経て機内へ，そして帰国した．途中，日付変更線を越え，到着日は11日目となった．成田空港到着後，帰宅にあたっての簡単な注意を述べ，解散した．

概ね予定どおりのエクスカーションではあったが，トラブルも若干あった．一つは参加学生の健康面に関することで，発熱者が2名発生した．いずれも時差ボケによる体調不良と夏風邪によるものと推察される．幸い，宿泊先での休養と持参した解熱剤で改善した．もう一つは貸切バスの故障である．コロンビア盆地への1泊2日のエクスカーションの際，初日昼過ぎに高速道路（I-90）上でバスが故障し，修理のために2時間程，路肩に停車した．エアコンは使用できたため，バス内で用意していた昼食を取り，持参した資料の輪読や予定する観察地の説明を前倒ししておこなった．これによりコースの変更が発生し，宿泊先への到着は大幅に遅れた．

図 3.3.11 ボーイング社エヴェレット工場

図 3.3.12 マイクロソフト社ビジターセンター

「海外調査法およびフィールドワーク」事後指導について

場所：AC 417 教室
日時：以下の日にちの 17 時 50 分～19 時 20 分
授業日：
10 月 6 日（火）
○事後指導授業計画の説明
○グループ別調査（8 月 26 日）のまとめ方説明と班内調整
10 月 20 日（火）
○グループ別調査（8 月 26 日）のまとめと作業
○リレー日記の提出（出力とファイル）
11 月 17 日（火）
○コロンビア盆地巡検聞き取りのまとめと作業
（干し草農場（C 班）、リンゴ委員会とリンゴ農家（D・E 班）、リンゴ集出荷場（A・B 班））
○グループ別調査結果の提出（出力とファイル）
12 月 1 日（火）
○ワシントン州とシアトル大都市圏に関するまとめ方指示
○コロンビア盆地巡検聞き取り結果の提出（出力とファイル）
1 月 5 日（火）
○「地理写真」ポスターとフィールドワーク感想の作成指示
○アメリカ北西部とワシントン州に関する要約版原稿の提出
○写真集用の写真提出（各班 8 枚程度）
A 班（ワシントン大、シアトルダウンタウン、インターナショナルディストリクト）
B 班（レニア山、セーフコフィールド）
C 班・D 班（コロンビア盆地）
E 班（ボーイング工場と博物館）
1 月 19 日（火）
○「地理写真」ポスターの提出（ファイル）
○フィールドワークの感想の提出（出力とファイル）
○解散式

実施報告書目次案

はしがき	（鈴木）
写真集	（松尾）
1．スケジュール	
・実施概要	（鈴木）
・リレー日記	（該当者）
・参加者名簿	（鈴木）
2．ワシントン州とシアトル大都市圏	
・ワシントン州	（各班）
・シアトル大都市圏	（各班）
3．シアトルの都市空間	
・調査対象地域と調査方法	（鈴木）
・住宅地の景観	（A～D 班）
・商業中心地の機能と景観	（E 班）
4．コロンビア盆地の農業	
・Anderson Hay & Grain	（C 班）
・Washington Apple Commission	（D・E 班）
・Stutzmans Ranch Orchard	（D・E 班）
・Stemilt Growers	（A・B 班）
5．ワシントン州の日本人移民	
・横畠康吉先生講演記録	（鈴木・松尾）
6．フィールドワークを終えて	（各人）
7．まとめ	（??）
参考文献	（松尾）
連絡文書	（鈴木）
あとがき	（松尾）

図 3.3.13 事後指導の授業日と実施報告書目次案

2015年度「海外調査法およびフィールドワーク」実施報告書

アメリカ北西部の自然環境と都市空間

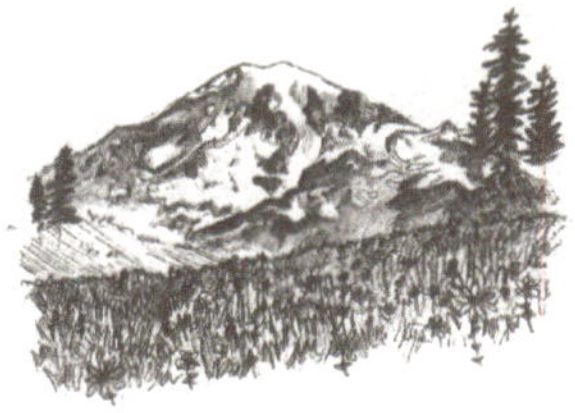

マウントレーニア

2016年5月

立正大学地球環境科学部 地理学科
鈴木厚志・松尾忠直編

図 3.3.14 2015 年度「海外調査法およびフィールドワーク」実施報告書表紙

5 事後指導と実施報告書作成

事後指導は10月上旬から6回にわたり実施した。曜日と時刻は事前指導と同じである。その内容は，図3.3.13にあるような実施報告書用の原稿作成を前提とした作業指示と原稿提出，そして立正地理学会での「地理写真」展示に向けた準備である。実施報告書の目次案を提示して各班の担当箇所を割り当て，その完成をめざし事後指導を進めた。1月中旬の最終回にすべての原稿を完成・提出させ，それらを授業の成績評価の対象とした。2月に入り，筆者らは実施報告書の編集作業を開始した。入試業務や年度末の事務作業も重なったため，その印刷・発行は5月下旬となった（図3.3.14）。完成した実施報告書は，参加学生や学部教員への配付はもちろんであるが，キャンパス周辺に立地する高等学校の地歴科教員に対しても，地理学科の教育内容の広報を兼ね，送付した。

6 まとめ

以上，シアトル市およびワシントン州東部地域でのエクスカーションの実例を報告した

が，注意点として，以下の3点を指摘しておきたい。

第1はエクスカーションの形態である。国内・国外を問わず，エクスカーションの進め方には，観察地と宿泊地を移動し広域的に観察していく方法と，今回紹介した事例のように，宿泊地を固定し，複数の視点から地域の実態を観察・調査する方法がある。後者の場合，実習地に対するそれなりの知識・経験・人脈等を必要とするが，教育効果の観点からすれば，優れた方法だと思う。

第2は指導体制と旅行会社のサポートである。本節の事例は授業という性格上，学内から2名，現地では旅行会社からの通訳兼サポートが1名加わり，3名体制で実施した。参加学生は学年をまたいで班を構成し，班長には連絡や指示に関してそれなりの権限を与えた。これにより，チーフーサブチーフー班長ー参加学生の態勢で臨んだ。さらに，旅行会社はアメリカ合衆国西海岸での研修やツアーを得意とする業者を選定した。このことは，とくにコロンビア盆地での企業および農家訪問にその強みを発揮した。

第3は所属組織や保証人（家族）の理解と安全衛生管理である。当然のことながら，授業として海外エクスカーションを実施するには，学科・学部・大学と，すべての組織において承認が必要である。実施概要の周知，参加学生名簿の内覧，危機管理体制と緊急連絡網の確認は早めの対応が望まれる。また，現地での安全衛生管理のためには，柔軟に対応できる人的配置が必要である。参加学生5～6人につき，1名の管理者を置くことが理想であろう。

以上は指導者の視点から実施にあたっての注意点を述べたが，こうした海外エクスカーションは，学生にとって単位取得のための授業であると同時に，若き日の思い出となる大切なイベントでもある。エクスカーション期間中に観察したことや，体験したことの意味を深く理解することは不可能であっても，いつの日か参加者の心の中で醸成するような内容をめざしたいものである。

［鈴木厚志］

参考文献

杉浦 直（2001）：「エスニック都市空間の再開 発過程と建築空間の変容―シアトルの「インターナショナル地区」を事例として―」『季刊地理学』53, 139-159.

鈴木厚志（2010）：『アメリカ合衆国―シアトル市ダウンタウンを歩く―』立正大学地理学教室編・学びの旅―地域の見方・とらえ方・楽しみ方―，古今書院，148-153.

立正大学地球環境科学部地理学科 鈴木厚志・小松陽介編（2009）：『2008年度「海外フィールドワークⅢ・Ⅳ」実施報告書 アメリカ北西部の自然環境と人間生活』．

G. H. カキウチ先生退官記念会編（1990）：『アメリカ・カナダの自然と社会』大明堂．

Brown, M. P. and Morrill, R. 2011, *Seattle Geographies*. University of Washington Press.

Jackson, P. L. and Kimerling, A. 2003, *Atlas of the Pacific Northwest*, 9th ed. Oregon State University Press.

Jarvela, A. 1999, *The Washington Almanac: Facts About Washington: 1st ed*. West Winds Press.

第4章 海外エクスカーションテーマの提案

4.1 南太平洋島嶼地域の観光と社会を学ぶ
―― ニューカレドニア

ポイント
1. 島嶼地域の観光の特色と生活に与える影響を理解する。
2. 島嶼地域の社会の特色を日本とのかかわりから理解する。

コース（5泊6日）：（1日目）日本発→ヌメア（図4.1.1B）着→（2日目）ヌメア・ウエントロの丘①→アンス・ヴァータおよびシトロン湾地区②→ヌメア都心部③→チバウ文化センター④→（3日目）ヌメア発→チオ⑤→ヌメア着→（4日目）ヌメア・日本人墓地⑥→ヌ島⑦→ポワンディミエ⑧→（5日目）ポワンディミエ→ヌメア→（6日目）ヌメア発→日本着

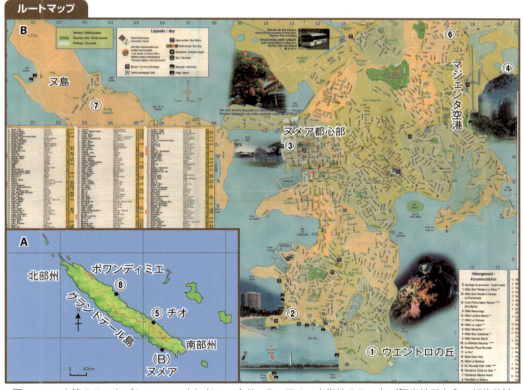

図 4.1.1 本節のルート（**A** ニューカレドニア全体　**B** ヌメア市街地のルート（観光地図から一部抜粋））

1 はじめに

本節では，南太平洋に位置する島嶼地域であるニューカレドニアを事例に，おもに観光と社会を学ぶエクスカーションを提案する。

日本では「天国にいちばん近い島」として知られるニューカレドニアは，フランス語で大島を意味するグランドテール島とその付属島嶼からなる（図4.1.1）。ニューカレドニアは，1774年にイギリスの探検家クックに「発見」されたのち，1853年にフランスの支配下に入り，当初は流刑植民地として利用されていた。1864年にニッケルが発見されると鉱山会社が設立され，オランダ領東インド（現在のインドネシア）のジャワ島やフランス領インドシナ（現在のベトナムなど），さらには日本から労働者を受け入れて開発が進められた。かつて人力に頼った鉱産資源の採掘は機械化が進み，移民労働者が働く風景は過去のものとなったが，ニッケルの生産は現在でも世界有数の規模を誇り，ニューカレドニアの経済を支えている。現在もフランスの支配は続いているが，1980年代以降，カナックと総称されるメラネシア系先住民による独立運動が激化したことを背景に，徐々に権限委譲がなされ，近年では高度な自治が認められている。1998年に締結されたヌメア協定により，2018年11月に今後の体制のあり方を問う住民投票が実施され，フランスの支配下にとどまることが選択された。

ニューカレドニアの面積は18,576 km²であり，四国とほぼ同じ規模である。一方，2014年センサスによると人口は約27万であり，人口密度は14.5人／km²に過ぎない。人口は首都ヌメアを含む南部州に偏っており，ほぼ4分の3に相当する約20万人が南部州，約5万人が北部州，約1万8千人がロイヤルティ（ロワイヨテ）諸島に居住する。フランスパンのように細長いグランドテール島には1,500 m級の脊梁山脈が走り，貿易風が卓越するため，東海岸では降水量が多く，風下に位置する西海岸は比較的乾燥した気候となる。首都ヌメアは西海岸に位置し，月平均気温は最暖月である2月が26.2℃，最寒月である8月が19.9℃であり，月降水量は最も多い3月が161.0 mm，最も少ない9月が41.2 mmである（図4.1.2）。年平均気温は23.1℃，年降水量は1075.5 mmであり，年間を通じて過ごしやすい気候といえる。

ヌメアから諸都市までの距離は，最も近い外国であるヴァヌアツの首都ポートヴィラまで約500 km，主要国の都市ではニュージーランドのオークランドまで約1,900 km，オーストラリアのシドニーまで約2,000 km，東京まで約7,000 km，パリまで約17,000 kmである。ヌメアとパリとの間を直行する航空便はなく，*La France d'Outre-Mer: Guide économique et touristique 1987* によれば，1980年代には当時フランス第二の航空会社であったUTAがジャカルタ・シンガポール経由で週2便運航していたが，現在は地元航空会社のエア・カランとエール・フランスの共同運航によって東京ないし大阪での乗り継

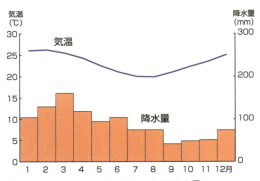

図 4.1.2 ヌメアの月平均気温と月降水量
『理科年表』より作成

ぎ便が設定されている．2018年3月現在，東京・ヌメア間は週6便，大阪・ヌメア間は週2便の直行便が運航されており，所要時間は約8時間30分である（エア・カラン，2018）．ニューカレドニアの玄関口となるのは，ヌメアの中心部から約45 km北西に位置するトントゥータ国際空港であり，2015年には到着客と出発客を合わせて年間約50万人が利用した．そのうちの約12万人が東京発着，約5万人が大阪発着の航空便を利用しており，距離の近いシドニー（約10万人）やオークランド（約7万人）と拮抗する利用者数となっている（Institut de la statistique et des études économiques，2016）．

2　ヌメアの観光地区

　海外エクスカーションは，空港から始まる．空港に観光案内所があれば，地図や必要なパンフレットをもらっておこう．最近ではGoogle Mapsなどの地図アプリを使う機会が多くなっているが，どこでもインターネットに接続できるわけではないので，紙の地図を用意しておく方が望ましい．また，ニューカレドニアの通貨はパシフィックフランで，トントゥータ国際空港や市内の両替所や銀行においてユーロと固定レートで交換（両替）できる．一般に，海外ではクレジットカードが使える場所が日本よりも多いが，どこでも使えるわけではないので，ある程度の現金を用意しておく．

　トントゥータ国際空港から山間の高速道路を約40分走ると首都ヌメアの都心部に到着する．グランドテール島南東部の西海岸に位置するヌメアは，南に突き出た小さな半島に形成された都市であり，2014年センサスによるとヌメア都市圏には約18万人が居住している．半島の中央部西岸に港があり，その背後に官公庁などが立地するヌメアの都心部が広がっている．航空交通が発達する以前は，島嶼地域にとって海上交通が生命線であったので，都市は港を中心に発達した．旅客輸送の多くが空路にとって代わられた現代でも，貨物輸送は船が中心であり，港が重要であることに変わりはない．一方，半島の南端は美しいビーチが続き，ホテル等が立ち並ぶ観光地区となっている．

　ニューカレドニア到着の翌日（2日目）は，まずヌメアの最南端付近にあるウエントロの丘①に登ってみよう．この小高い丘から西を望むと，アンス・ヴァータのビーチがみ

図4.1.3　ウエントロの丘からアンス・ヴァータ地区を望む（2006年8月，大石撮影）

図4.1.4　シトロン湾のビーチ（2006年8月，大石撮影）

える（図4.1.3）。丘の麓にはヌメア屈指の高級ホテルがあり，日本人の宿泊客も多い。丘から下りて，海岸沿いの道路を西に向かう②。アンス・ヴァータのビーチを左にみながら進み，さらに小さく突き出た岬を回ると，シトロン湾のビーチが広がる（図4.1.4）。アンス・ヴァータと比べるとローカルな雰囲気のただようビーチであるが，海岸沿いの道路の反対側にはレストランや商店が連なり，夜まで賑わいをみせるエリアである。日没時には美しい夕陽がみられるビーチにたたずむひとびとを眺めてみよう。白人が多いという印象を受けるかもしれない。

観光統計によると，2015年における域外からの訪問者は約11万5千人であり，最も多いのはフランス本土（約3万7千人）からで，域外からの訪問者のほぼ3分の1を占めている。ついで，オーストラリア（約2万），日本（約2万），ニュージーランド（約8,500）の順であり，ごくわずかの差であるが，オーストラリアが日本を上回って2位となった (Institut de la statistique et des études économiques, 2016)。日本からの訪問者が停滞気味であるのに対して，オーストラリアやニュージーランドからの訪問者は増加が顕著であるという。また，後述するようにそもそも南部州ではヨーロッパ系住民の割合が高い。つまり，アンス・ヴァータやシトロン湾で白人が目立つのは，訪問者の出身国や住民の構成という点で白人の割合が高いことに起因すると考えられる。

3　植民地支配と現代のニューカレドニア

2日目の午後は，シトロン湾地区を離れ，ヌメアの都心部③に向かおう。左手にヨットハーバーを眺め，小高い丘を越えると，碁盤の目状の地割りになっているヌメアの市街地がみえてくる。港には大きなクルーズ船が停泊していることもある。クルーズ船でニューカレドニアを訪れる観光客は約44万人にのぼる (Institut de la statistique et des études économiques, 2016)。港に面した市街地の中心にはココティエ広場があり，中心部の憩いの場となっている（図4.1.5）。

広場の周囲には商店やレストランが並んでおり，ヌメア市立博物館もある。ココティエ広場から少し北へ足を伸ばすと，高等弁務官事務所がある。高等弁務官事務所の周辺はフランスによる植民地統治が始まってまもない1860年代に軍の施設がおかれた場所であり，戦争記念碑などもあって，植民地支配の面影を今も色濃く残している。高等弁務官事務所からセバストポリ通りを南下すると，1890年代に完成した聖ジョセフ大聖堂が丘の上に

図 4.1.5　ココティエ広場（2010年8月，島津撮影）

● **ニューカレドニアでの高等弁務官と自治政府**

高等弁務官とは，フランスから派遣されるフランス政府代表であり，外交や軍事などをつかさどる (Faberon and Garde, 2002)。同時に，高度な自治が認められているニューカレドニアでは，高等弁務官とは別に自治政府があり，フランス大統領とは別に「大統領」が存在する。

図 4.1.6 ヌメア市街地の丘の上に建つ聖ジョセフ大聖堂（2006年8月，大石撮影）

図 4.1.7 チバウ文化センター（2006年8月，大石撮影）

みえる（図4.1.6）。

　ヌメアの東海岸の方に足を伸ばしてみよう。東海岸には，ロイヤルティ諸島など離島への航空便が発着するマジェンタ空港が立地する。ロイヤルティ諸島までは約70人乗りのプロペラ機で30〜40分ほどであるが，所要時間だけでなく，船便は波が高いと欠航になりやすいので，短距離であっても，離島の生活にとって航空便は不可欠である。日本からのツアー旅行でも，離島滞在を含むプランでは離島との往復に航空便が利用されている。

　マジェンタ空港から入り江を回り込むように走り，対岸となるティナ半島に立地するチバウ文化センター④をめざそう（図4.1.7）。1998年に開館したチバウ文化センターは，ヌメア市が提供した8haの土地に建設された，カナック（メラネシア）文化の保全と振興などを目的とした施設であり，その名はカナックの独立運動指導者ジャン＝マリー・チバウ（1936〜1989）にちなむ。設計はパリのポンピドゥー・センターや関西国際空港旅客ターミナルなどを手がけた著名なイタリア人建築家のレンツォ・ピアノによるものであり，カナック文化の伝統と近代建築との調和がうたわれ，伝統家屋カーズを模した建物が特徴的である。カナック文化を学ぶことのできる常設展示だけでなく，さまざまなイベントが開催されており，1980年代後半から1990年代にかけての混乱から和解へと向かいつつある現代ニューカレドニアを象徴する施設である。

4　ニューカレドニアの鉱山開発と日本人移民

　3日目は，ヌメアから日帰りで東海岸のチオ⑤を訪れ，ニューカレドニアの主要産業である鉱業と日本人移民のかかわりを学ぶ。ヌメアから北西に向かい，国際空港のあるトントゥータを過ぎてブルパリというまちで西海岸を直進する1号線を離れ，脊梁山脈を越える道路に入る。途中，「日本人の小川（Creek des Japonais）」と名付けられた川を渡り，

日本人とのかかわりの深さを感じさせる。

ヌメアから自動車で約2時間で到着するチオでは、まず鉱山博物館を訪れてみたい（図4.1.8）。ここには、かつて使われていた機関車などが残されている。続いて、墓地の一角にある日本人墓地を見学する。紀元二千五百九十三年（西暦1933年）と刻まれた大きな供養塔のほかに、個別の墓も多数残されている。「雨だれ石をも穿つ」との言葉のとおり、降水量が多いので墓石に刻まれた文字はかなり読み取りにくくなっているが、名前や出身地などがかろうじて読み取れる（図4.1.9）。

ニューカレドニアと日本人とのかかわりは、1892年に始まる。ニッケル鉱の採掘に多くの労働力を必要とした鉱山会社の求めに応じ、移民送出のために新たに設立された移民会社と契約を交わした600名の熊本県出身者が海を渡り、チオに上陸してニッケル鉱山での仕事に従事した。このように、移民会社と契約して海外に渡った移民のことを契約移民といい、1918年までに5千人を超える日本人がニューカレドニアに契約移民として渡航した（小林, 1980）。契約期間を満了して帰国した者もいたが、帰国せずにとどまった者はニューカレドニア各地で農業や漁業、商業などに従事し、ニューカレドニアの発展に貢献した。ニューカレドニアの歴史における重要人物100名の個人史を編んだAngleviel (2004)には3名の日本人が紹介されている。とくに、ヌメア近郊の野菜栽培や製塩業における日本人の活躍は顕著であったが、1941年12月の太平洋戦争勃発によって日本人は一斉に逮捕され、オーストラリアで強制収容された。そして、終戦後に日本に強制送還され、第二次世界大戦前のニューカレドニアで形成された日本人移民社会は崩壊した（大石, 2015）。

ただし、契約移民のほとんどは単身男性であり、現地の女性との間に生まれた子どもはそのまま残されたことから、現在も父や祖父から継承した日本の姓を名乗る人がおり、電話帳には日本の姓が散見される。敵国であった日本人の血を引く二世は戦後のニューカレドニアでひっそりと生きてきたが、日本人の子孫が中心となって活動する親善協会によって1992年に日本人移民100年祭が開催され、

図 4.1.8 チオの鉱山博物館に展示されている機関車（2007年9月, 大石撮影）

図 4.1.9 チオの日本人墓地にある沖縄県出身移民の墓標（2007年9月, 大石撮影）
「国頭郡」「金城」という文字が読める。

二世・三世がルーツに目覚めるきっかけとなった。

いったんヌメアに戻り、4日目はヌメアの「4キロ墓地」から見学を始めよう。4キロ墓地の一角には日本人墓地⑥があり、移民100年祭の際に建立された慰霊塔がある（図4.1.10）。ヌメアの日本人墓地は、チオの日本人墓地と並んで、日系人のアイデンティティのよりどころとなる場所である。続いて、ヌ島に足を伸ばそう。ヌ島は、太平洋戦争勃発に際して逮捕された日本人の収容所があった場所である⑦（図4.1.11）。日本人はまずここに収容され、順次オーストラリアに送致されるまで、ニューカレドニアでの最後の日々を過ごした。

5　メラネシアの暮らし

4日目の午後は、北部州に向かう。1号線を西進し、ブーライユというまちで分岐する3号線で脊梁山脈を越え、目指す東海岸のポワンディミエ⑧までは自動車で約5時間の旅である。島嶼地域では鉄道がない場合が多く、ニューカレドニアでは一部に航空便が存在するものの、域内の移動は道路交通に大きく依存している。

オセアニアの島嶼部は一般に、メラネシア、ポリネシア、ミクロネシアに区分される。ニューカレドニアが含まれるメラネシアの住民は肌の色が黒く、言語的に非常に多様である点に特徴がある。また、文化的に多様であることに加え、有力な政治的指導者がいなかったメラネシアでは、植民地化が進行した時期にキリスト教の各宗派が村落ごとに宣教を進めたため、ニューカレドニアでは村落ごとに有力な宗派が異なっている。

北部州では、メラネシアの暮らしを学びたい。ニューカレドニアは、メラネシア系先住民（カナック）に加え、かつての植民者を祖先にもつひとびとを中心とするヨーロッパ系住民、さらに鉱山開発に伴って労働者として移住したアジア人移民の末裔が居住しており、過半数を占める集団が存在しない。ただ

図 4.1.10　ヌメアの日本人墓地（2006年8月、大石撮影）

図 4.1.11　ヌ島の日本人収容所に使われた建物（2007年9月、大石撮影）

し，居住分布には特徴があり，2014年センサスによると，北部州やロイヤルティ諸島は圧倒的にカナックが多く，南部州ではヨーロッパ系住民が最多の集団となっている。

さて，ヌメアではやはりヨーロッパ的な雰囲気が感じられるかもしれないが，ヌメアを離れるとメラネシアの世界である。移動中は，風景をしっかりと観察しよう。車窓からみえる熱帯の植物は，一般に丈が高いのに気づくだろうか。本来は丈の高い植物であっても，たとえばマンゴーのように，日本で栽培される場合には矮化（小さく改良）されている場合が多いので，同じ植物でも日本で目にするものとは異なる印象を受けることだろう。

5日目は，まず地元のひとびとで賑わう市場を訪れてみよう（図4.1.12）。ここでは，さまざまな野菜が売られている。タロイモやヤムイモといった熱帯性の根菜類やコプラのほか，最近ではスクウォッシュ（ズッキーニの仲間）の生産が増えている。キュウリやトマトなどの生鮮野菜は域内需要の4分の3程度が生産され，おもに南部州を中心に果実の栽培も盛んにおこなわれている。一方，穀物も生産は増加しているが，ほとんどがトウモロコシであり，小麦や米は輸入に依存している（Institut de la statistique et des études économiques, 2016）。

次に，コーヒー加工工場を見学する（図4.1.13）。2014年のコーヒー生産量は約5トンで，現在の農業生産において大きな割合を占めるものではないが（Institut de la statistique et des études économiques, 2016），戦前期から継続して栽培されてきた。一般に人気が高いのはアラビカ種であるが，ニューカレドニアで販売されているコーヒーには，麦茶のような風味を感じさせるロブスタ種が一定の割合で配合されているものが多い。

6　まとめ

本節では，ニューカレドニアを事例に南太平洋島嶼地域の観光と社会を学ぶエクスカーションを提案した。ニューカレドニアの旅行パンフレットなどに用いられる写真はフランス領のビーチリゾートを強調したものが多く，先住民が登場する場合には極端に原始的な印象を与えるものに限られるという（d'Hauteserre, 2011）。日本では「天国にい

図4.1.12　ポワンディミエ地区の農産物市場（2007年9月，大石撮影）

図4.1.13　ポワンディミエ地区のコーヒー加工工場（2007年9月，大石撮影）

ちばん近い島」というイメージが定着しており、なおさらビーチリゾートとしての印象が強いかもしれないが、それはニューカレドニアの一側面でしかない。また、固定的なイメージでとらえられがちな先住民の暮らしも変化し続けており、たとえば、儀礼的な作物であったヤムイモを商業的に栽培する農民が出現し、こうした農民には部族の行事にあまり参加せず、また少数の品種に特化する傾向があることが知られている（Gaillard and Manner, 2010）。そこで、このエクスカーションでは島嶼地域の特徴やメラネシアの暮らしにも注目し、日本とのかかわりも考察した。

[大石太郎]

参考文献

エア・カラン（2018）：https://jp.aircalin.com/jp（最終閲覧日：2018年3月14日）

大石太郎（2015）：「ニューカレドニアの日本人移民社会—1930年代から日米開戦までを中心に—」米山裕・河原典史編『日本人の国際移動と太平洋世界—日系移民の近現代史—』文理閣、251-275.

小林忠雄（1980）：『ニュー・カレドニア島の日本人—契約移民の歴史—』ヌメア友の会.

Angleviel, F. ed.（2004）: *Une hisotoire en 100 histoires: L'histoire calédonienne à travers 100 destins hors du commun*. Nouméa: Bambou Edition.

d'Hauteserre, A.-M.（2011）: Politics of imaging New Caledonia. *Annals of Tourism Research* 38: 380-402.

Faberon, J.-Y., et Garde, F. eds.（2002）: *101 mots pour comprendre les institutions de la Nouvelle-Calédonie*. Nouméa: Éditions Île de Lumière.

Gaillard, C. and Manner, H. I.（2010）: Yam cultivation on the east coast of New Caledonia: Adaptation of agriculture to social and economic changes. *Australian Geographer* 41: 485-505.

Institut de la statistique et des études économiques（2016）: *Bilan économique et social 2015*. Nouméa: Institut de la statistique et des études économiques.

第4章 海外エクスカーションテーマの提案

4.2 スペイン カナリア諸島の景観にみる自然・歴史・文化

ポイント
1. 景観の中にカナリア諸島の独自の歴史と文化をみいだす。
2. グランカナリア，テネリフェ両島における地域的差異をとらえる。
3. 観光地としての発展を自然的・歴史的観点から考える。

コース（8泊9日）：（1日目）日本発→マドリード泊→（2日目）マドリード発→グランカナリア島（ラスパルマス①）→ラスパルマス泊→（3日目）グランカナリア島中部・北部（サンマテオ②→テロール③→ガルダル④）→ラスパルマス泊→（4日目）グランカナリア島南部（マスパロマス⑤）→ラスパルマス泊→（5日目）グランカナリア島→（空路）→テネリフェ島（サンタクルス⑥→ララグーナ⑦）→サンタクルス泊→（6日目）テネリフェ島北部（ラオロタバ⑧→テイデ山⑨）→サンタクルス泊→（7日目）テネリフェ島南部（ロスクリスティアノス⑩）→サンタクルス泊→（8日目）サンタクルス→（マドリード経由）→機中泊→（9日目）日本着

ルートマップ

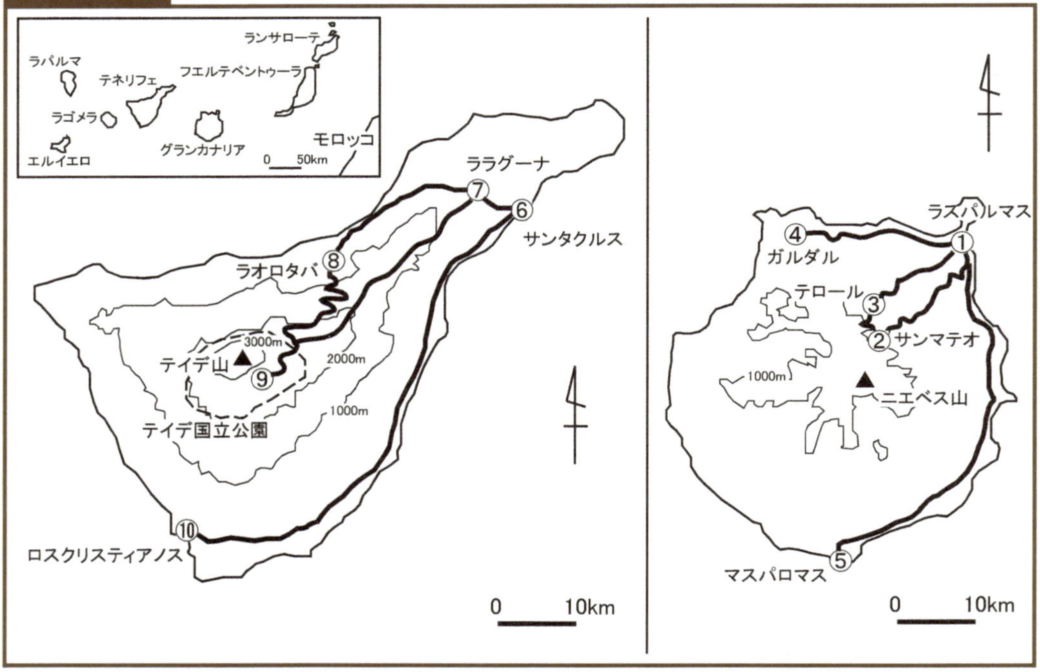

図 4.2.1　本節のルート（テネリフェ島（左）とグランカナリア島（右））

1 事前準備

　本エクスカーションは，景観を通して地域の特性をとらえることをおもなテーマとし，目的地をスペイン領カナリア諸島とする。カナリア諸島はスペイン本土から1千km以上離れたアフリカ大陸北西沖にあり，ヨーロッパ人が海外に進出し始めた15世紀後半以降現在に至るまで，ヨーロッパ諸国からさまざまな影響を受けてきた。事前の文献調査は以下の点に留意しながら進めたい。アメリカ大陸への大西洋航路上にあるという地理的位置が，カナリア諸島の歴史と文化にどのような影響を与えてきたか。全島が火山島で乾燥気候とされるが，諸島内や各島内で自然景観や人文景観に違いがあるのか。あわせて，自然・歴史・文化を活かした観光地化の現状について考える。なお，諸島全域を網羅する2万5千分の1および5万分の1地形図とカナリア自治州地図がスペイン国土地理院から発行されているので，ぜひ入手しておきたい。また，諸島や島内主要都市の古地図がスペイン国立図書館（BIBLIOTECA DIGITAL HISPÁNICA）やテキサス大学図書館（Perry-Castañeda Library Map Collection）のホームページで閲覧できるのでみておきたい。

　本エクスカーションは9日間の日程を想定しているが，カナリア諸島を構成する7島すべてを回ることは不可能である。そのため，主要な島であるグランカナリア島とテネリフェ島の2島を訪れることとする。両島ではおもに自然および人文景観を観察する。前半のグランカナリア島でのエクスカーションでは，「ミニチュア大陸」とよばれるゆえんである島内の自然・人文景観の多様性を確認する。後半のテネリフェ島でのエクスカーションでは世界遺産をキーワードに，おもに都市部の歴史的景観，巨大カルデラのある自然景観を観察する。

　カナリア諸島でのフィールドワークの企画・運営にあたっては，留意すべき点が多々ある。日本からカナリア諸島に入るにはスペインの首都マドリードを経由するのが一般的である。2018年3月現在，日本からマドリードへの直行便があるが，到着が夕刻となるためマドリードで1泊を要する。マドリードからは再び空路でカナリア諸島に向かうことになる。島内の移動では，おもに路線バスやレンタカーを使うことになる。グランカナリア，テネリフェ両島のバス路線網は充実しており路線バスのみで目的地に移動することもできるが，本エクスカーションでは貸切バスでの移動を想定し，テネリフェ島内の移動の一部で路面電車を利用する。なお，都市部のホテルや政府機関でもあまり英語が通じないので，日常会話程度のスペイン語の知識があるとよい。島内の治安はスペイン本土に比べて良好である。

　事前準備の一助とするために，カナリア諸島の概要について述べる。アフリカ大陸大西洋岸北部の沖合に浮かぶカナリア諸島は火山活動によって形成された群島で，東からランサローテ（Lanzarote），フエルテベントゥーラ（Fuerteventura），グランカナリア（Gran Canaria），テネリフェ（Tenerife），ラゴメラ（La Gomera），ラパルマ（La Palma），エルイエロ（El Hierro）の7つの島と，いくつかの小島から構成されている（図4.2.1）。気候は年間を通じて温暖で，常春の島とよばれる。年間降水量は少なく，アフリカ大陸に近い東側の2島はとくに乾燥している。カナリア諸島には，先住民であるグア

ンチェ族が暮らしていたが，現在は絶滅している。歴史的には，15世紀末にスペイン王国の支配下に置かれて以降，新大陸への航路の要地として発展してきた（Stone, 2014）。

カナリア諸島全体の面積は7,447 km²で宮城県の面積にほぼ等しい（表4.2.1）。7島の中ではテネリフェ島の面積が最大で，フエルテベントゥーラ島とグランカナリア島を加えた3島で全体の約7割を占めている。人口は2,108,121（2017年1月1日現在，以下の数値も同様）で，グランカナリアとテネリフェの両島でカナリア諸島全体の人口の約8割を占める。諸島全体がカナリア自治州となっており，グランカナリア島以東の島々がラスパルマス（Las Palmas）県，テネリフェ島以西の島々がサンタクルス・デ・テネリフェ（Santa Cruz de Tenerife）県（以下，テネリフェ県）である。自治州の首都はラスパルマス・デ・グランカナリア（Las Palmas de Gran Canaria）（以下，ラスパルマス）とサンタクルス・デ・テネリフェ（以下，サンタクルス）の両市で，首相府は4年ごとに両市に交互に設置される。

カナリア諸島の地域性をとらえるうえで観光は欠かせない。カナリア諸島では1960年代から観光開発が進み，主としてヨーロッパ諸国から観光客が訪れるようになった。諸島全体の年間観光客数をみると，2010年に1,043万人（うち，国内観光客数171万人）であったものが，経済危機や自然災害の影響で多少減少した年はあるものの，2017年には1,598万人（同166万人）となっている（Patronato de Turismo de Gran Canaria, 2018）。同年の観光客数を居住国別にみると，イギリス，ドイツ，ノルウェーからの観光客が多く，それぞれ527万人，312万人，174万人で，この3か国で全体の約6割を占める。また，グランカナリア島とテネリフェ島の観光客数は，それぞれ459万人と618万人で，両島で諸島全体の観光客数のほぼ3分の2を占める。ヨーロッパ本土と異なる温暖な気候，多様な歴史と文化をあわせもつグランカナリア，テネリフェ両島の観光目的地としての人気は高い。

2 「ミニチュア大陸」とよばれるグランカナリア島

a. ラスパルマス市内エクスカーション

マドリードから飛行機で約3時間，グランカナリア島の空の玄関口であるラスパルマス空港に到着する。そこから約25 km北に位置

表 4.2.1 カナリア諸島の島々の面積・最高標高・人口

島名	面積（km²）	割合	最高標高（m）	人口（人）	割合
ランサローテ	846	11.4%	671	147,023	7.0%
フエルテベントゥーラ	1,660	22.3%	807	110,299	5.2%
グランカナリア	1,560	20.9%	1,959	843,158	40.0%
テネリフェ	2,034	27.3%	3,718	894,636	42.4%
ラゴメラ	370	5.0%	1,484	20,976	1.0%
ラパルマ	708	9.5%	2,423	81,350	3.9%
エルイエロ	269	3.6%	1,501	10,679	0.5%
カナリア諸島全体	7,447	100.0%	3,718	2,108,121	100.0%

注）人口は2017年1月1日現在
（資料：Consejería de Educación,Cultura y Deportes 2005；Instituto Canario de Estadística 2018）

するラスパルマス市街に向かう。ラスパルマス①はグランカナリア県の県都で人口377,650，カナリア諸島で最大の人口規模を有する。ラスパルマスの都市化は旧市街のベゲタ（Vegueta）地区と北部の陸繋島との間，約5kmの海岸沿いの低地を埋めるように進み，その後の人口増加に伴い内陸の段丘上にまで及んだ。したがって，ラスパルマスでは市街地を南北に移動することで都市の成り立ちを知ることができる。景観観察で地区ごとの特徴をつかんでいきたい（図4.2.2）。

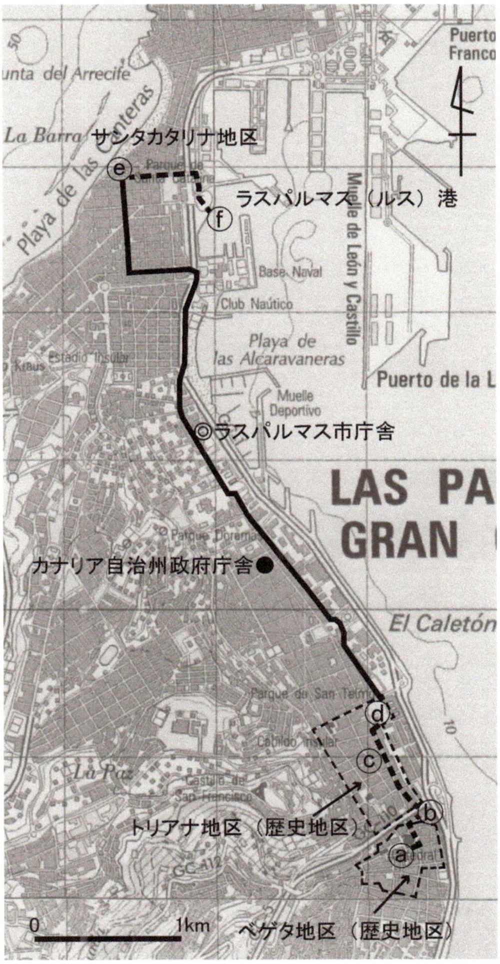

それでは，ベゲタ地区の中心に位置するサンタアナ大聖堂ⓐを起点に，海岸沿いを南から北に向かって進むこととする。ラスパルマス発祥の地であるベゲタ地区は中世の面影を残し，スペイン歴史遺産法に基づく歴史地区（保護カテゴリーの1つ）に指定されている。地区の中心にあるサンタアナ大聖堂（図4.2.3）はラスパルマスのランドマーク的存在で，正面はネオクラッシック様式，内部は後期ゴシック様式の建物である。1497年に工事が開始され，完成までに約400年を要した。近くには，コロンブスが一時期滞在していたコロンブスの家博物館や，先住民の文化を紹介するカナリア博物館などがある。島の生活文化を体感するために，ぜひベゲタ市場ⓑを訪れたい。1858年にカナリア諸島で最初に開設されたこの市場では，食料品の販売に加えて散髪店や靴修理店，バルやカフェも併設されており，市民生活の一端をうかがい知ることができる。

市場から道路を挟んだ北側がトリアナ（Triana）地区である。ベゲタ地区と同様に歴史地区に指定されているが，現在はラスパルマス随一の商業地区となっている。地区の中央を南北に走るトリアナ通りⓒは歩行者専

図4.2.2 ラスパルマス市街のルート（Instituto Geográfico Nacional 5万分の1地形図「Las Palmas de Gran Canaria」2005年発行，「Telde」2005年発行，原寸，一部加筆）

図4.2.3 サンタアナ広場とサンタアナ大聖堂（2010年3月，片柳撮影）

図 4.2.4 ラスカンテラス海岸沿いの市街地（2010年3月，片柳撮影）
後方は陸繋島のビヒア（Vigía）山。

図 4.2.5 斜面に広がるテロールの市街地（2010年3月，片柳撮影）

図 4.2.6 テロール旧市街のまち並み（2010年3月，片柳撮影）

用道路で，通り沿いにはブランドショップが軒を連ねる。通りを進んでいくとサンテルモ（San Telmo）公園ⓓに出る。公園東側の地下はバスターミナルになっている。

トリアナ地区からは路線バスの1号線を利用して，約5km北のサンタカタリナ（Santa Catarina）地区まで移動する。途中，カナリア自治州政府庁舎やラスパルマス市庁舎を通り過ぎる。サンタカタリナ地区は陸繋砂州上に形成されたまちで，西側のラスカンテラス（Las Canteras）海岸ⓔ（図4.2.4）はホテルや飲食店のビルが建ち並ぶリゾートエリアとなっている。東側にラスパルマス港（別名，ルス（Luz）港）ⓕがある。ラスパルマス港はコロンブスの寄港地として知られ，大西洋航路の要所にあることや，優れた港湾施設があることから船舶の補給・修理基地として栄えてきた。近年は，大型商業施設も進出している。

b. 内陸の山岳地帯から北部の海岸へ

内陸の景観を観察するため，まずは島の中央部付近に位置するベガ・デ・サンマテオ（Vega de San Mateo）（以下，サンマテオ）②に向かう。サンマテオは標高約900mに位置する人口7,562のまちで，毎週末に農産物の直売市が開かれるなど，周辺農村部の中心として機能している。南西約10kmのところにはグランカナリア島最高峰のニエベス（Nieves）山（1,959m）がある。続いてサンマテオからテロール（Teror）をめざす。山中の道路は整備されているものの，侵食が進んだ谷と尾根を越える必要があるためつづら折りの道が続く。しばらく進むと，右手の山の斜面にテロール③のまちがみえてくる（図4.2.5）。テロールはラスパルマスの南西約15kmにある人口12,424の小都市で，旧市街は歴史地区に指定されている。その中心にあるヌエストラセニョーラ・デル・ピノ大聖堂

に祀られている聖母ピノは，グランカナリア島の守護聖母として島民の信仰を集めている。大聖堂の正面から北東に伸びる通りには，カナリア諸島独特のコロニアル様式の建物が並んでいる（図4.2.6）。建物正面2階の木製バルコニーが特徴的である。ここからいったんラスパルマスに戻り，島の北西部をめざす。

ラスパルマスの西約20km，車で約1時間の距離にあるガルダル（Gáldar）④に向かう。岩石海岸が卓越する海沿いの道を進んで行くとガルダル山とその斜面に張り付いた市街地がみえてくる（図4.2.7）。ガルダルは人口24,251の島北部の中心都市で，先住民グアンチェ族の遺跡が発見された考古学上重要な場所でもある。ガルダルでまず目に入るのは，標高434mのガルダル山とその中腹にまでに広がる色とりどりの建物で構成された市街地である。山上からは，カナリア諸島の特産物であるバナナのプランテーションが一面に広がっている様子がみえる。

c. 南部のリゾート地区に向かう

グランカナリア島での最終日は，島の南部に向かう。島の北部や西部の海岸線では岩石海岸が卓越しているのに対し，東部から南部にかけての海岸線では砂浜海岸が続く。ラスパルマスから南に約50 km，車で1時間ほどのあたりからは，海岸線に沿ってサンアグスティン（San Agustín），プラヤ・デル・イングレス（Playa del Inglés），マスパロマス（Maspalomas），プエルト・リコ（Puerto Rico），プエルト・デ・モガン（Puerto de Mogán）といった海浜リゾートが続く。この地域はヨーロッパ最大級のリゾート地で，ヨーロッパ各国からの観光客で賑わう。マスパロマス⑤は南部リゾート地区の中心で，外国人観光客向けのホテルや大型ショッピングセンターが多数進出している。ここではリゾート地ならではの都市景観に注目したい。

3 2つの世界遺産を有するテネリフェ島

a. サンタクルスから古都ララグーナへ

グランカナリア島から空路でテネリフェ島に渡る。所要時間は30分ほどである。時間

図 4.2.7 ガルダル山とガルダルの市街地（2010年3月，片柳撮影）

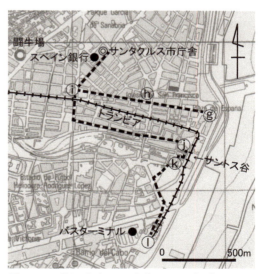

図 4.2.8 サンタクルス市街のルート（Instituto Geográfico Nacional 2万5千分の1地形図「Santa Cruz de Tenerife」2000年発行，原寸，一部加筆）

に余裕があればぜひフェリーを利用したい。こちらは約3時間の船旅となるが，船上からはラスパルマス，サンタクルス両市の市街地を一望することができる。

　テネリフェ県の県都サンタクルス⑥の人口は203,692で，カナリア諸島の都市の中ではラスパルマスに次ぐ人口規模である。市街地はサントス（Santos）谷（普段は水量の少ない河川の様相）によって南北に分けられ，北側が旧市街となっている（図4.2.8）。サンタクルスでは，旧市街にあるエスパーニャ広場ⓖを起点に市内を巡ることとする。広場にはサンタクルスのランドマークであるスペイン内戦戦没者慰霊塔がそびえ，その近くにテネリフェ島議会と郵便局の建物がある（図4.2.9）。広場付近は商業地区で，ここから西に伸びるカスティージョ（Castillo）通りⓗは買回品店や飲食店が建ち並ぶ島内随一の繁華街である（図4.2.10）。通りの突き当たりにカナリア諸島軍司令部ⓘの建物がある。その北側にサンタクルス市庁舎，スペイン銀行，中央政府副代表部の建物があり，周辺は官庁街となっている。ここから谷沿いを下流に戻ることとする。

　谷の左岸にあるコンセプシオン教会ⓙ（図4.2.11）はカナリア諸島特有の鐘楼をもち，サンタクルスのまちの名前の由来となった十字架を保存している。その対岸には自然・人

図4.2.9 広場に面した島議会（左）と郵便局（右）の建物。中央の塔は戦没者慰霊塔（2010年3月，片柳撮影）

図4.2.10 観光客で賑わうカスティージョ通り（2010年3月，片柳撮影）

図4.2.11 サントス谷沿いにあるコンセプシオン教会（2010年3月，片柳撮影）

図4.2.12 5両編成のトランビアの車両（2010年3月，片柳撮影）

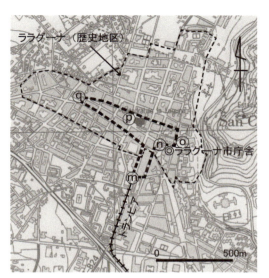

図4.2.13 ララグーナ市街のルート（Instituto Geográfico Nacional 2万5千分の1地形図「Santa Cruz de Tenerife」2000年発行，原寸，一部加筆）

図4.2.14 広場に隣接したララグーナ市庁舎（2010年3月，片柳撮影）

類博物館ⓚがある。同館では，カナリア諸島の自然環境を紹介するとともに，先住民グアンチェ族のミイラ，復元住居，道具類などが展示されている。ここから南に500mほど進むと，バスターミナルと路面電車の停留場がある。

サンタクルスからサンクリストバル・デ・ララグーナ（San Cristobal de La Laguna）（以下，ララグーナ）への移動にはトランビア（Tranvía）とよばれる路面電車を利用する（図4.2.12）。トランビアは2007年に運行を開始した全長12.5kmの市電で，現在は2路線で営業している。インターカンビアドール（Intercambiador）停留場ⓛから5両編成の車両に乗車し，終点のララグーナをめざす。全線上り坂のおよそ40分の電車旅で，途中の車窓からはグランカナリア島を眺めることができる。

ララグーナⓙは人口153,655の古都で大学都市でもある。15世紀末にスペイン王国の支配下となって以降，19世紀までテネリフェ島の中心地であった。現在，テネリフェ島の政治的・経済的中心はサンタクルスに移ったが，ララグーナは依然として宗教的・文化的中心の地位を保持している。ラトリニダ（La Trinidad）停留場ⓜで下車し，そのまま通りを北に向かうと1994年に世界遺産に登録されたララグーナ旧市街が広がる（図4.2.13）。歴史地区でもある旧市街は15世紀に建設された，当時としては珍しい城壁のないまちで，新大陸における植民都市のモデルとされた。

ララグーナでは，ヨーロッパ本土の城壁に囲まれた中世都市との違いに注目したい。まずは，観光案内所として利用されている軍司令官旧邸宅ⓝを見学する。木々が生い茂る中庭とその周囲の木製バルコニーで特徴付けられたカナリア様式の建物で，重要文化財に指定されている。続いて，旧市街の東部に位置するアデランタド（Adelantado）広場ⓞに向かう。広場に隣接してララグーナ市庁舎（図4.2.14），サンタカタリナ・デ・シエナ旧修道院など，16世紀から18世紀にかけて建てられた重要な建造物が多数存在する。中世起源の道幅の狭い通り沿いのまち並みを観察しながら旧市街の西部に進む。ララグーナ大

図 4.2.15　ラオロタバのまちとテイデ山（2010年3月，片柳撮影）

図 4.2.16　坂道沿いにあるバルコニーの家（2010年3月，片柳撮影）

聖堂⑫を過ぎ，しばらくするとコンセプシオン教会⑨がみえてくる。付属する鐘楼はララグーナのランドマーク的存在で，17世紀末に建てられたものである。ここからラトリニダ停留場に引き返し，サンタクルスに戻ることとする。

b.　オロタバ渓谷からテイデ国立公園へ

　サンタクルスを出発し，島の北部に向かう。高速道路を30分ほど走るとオロタバ渓谷に入り，進行方向にバナナのプランテーションに囲まれたラオロタバ（La Orotava）のまちとスペイン国内最高峰のテイデ（Teide）山（3,718m）がみえてくる（図4.2.15）。ラオロタバ⑧は人口41,500のテネリフェ島北部の中心都市で，歴史地区に指定された旧市街には歴史的建造物が数多くみられる。17世紀中頃に建てられたバルコニーの家はその代表的なもので，道路沿いの壁面に設置された木製バルコニーとシュロの木のある中庭が特徴的である（図4.2.16）。現在は伝統手工芸品の継承と商品販売のための施設として利用されている。

　ラオロタバからテイデ国立公園をめざして南の山中に向かう。つづら折りの道路をしばらく行くと，ララグーナに通じる道路との分岐点に差しかかる。バスはその先の峠を越えてさらに進む。付近一帯はテイデ山⑨を中心としたテイデ国立公園で，2007年に世界遺産に登録された。テイデ山はラスカニャダス（Las Cañadas）とよばれる巨大なカルデラを伴う活火山で，カルデラ内には荒涼とした景観が広がる。中腹の2,356 m地点から3,555m地点までロープウェイで登ることができるので，時間に余裕があればぜひ山頂まで足を運びたい。山頂からはカルデラ内はもとよりグランカナリア島をはじめとするカナリア諸島の島々を望むことができる。テイデ国立公園の自然景観を観察した後，ララグーナへと続く尾根道を通ってサンタクルスに戻る。

c.　島南部のリゾートエリアへ

　サンタクルスの南西約80 km，車で約1時間の距離にある南部のリゾート地区に向かう。プラヤ・デ・ロスクリスティアノス（Playa de los Cristianos），プラヤ・デ・ラスアメリカス（Playa de las Américas），コスタ・アデヘ（Costa Adeja）と続く一帯は，島内最大のリゾート地区となっている。ロスクリスティアノス⑩の東部にある標高100 mほどの火口丘の上からは，リゾート客で賑わうビーチと大小のホテルやコンドミニ

図 4.2.17 ロスクリスティアノスのリゾートホテル群（2010年3月，片柳撮影）

アムが建ち並ぶまちの様子をみることができる（図4.2.17）。この地域にはヨーロッパ本土からの観光客が多く，グランカナリア島南部のリゾート地区とともに比較的英語が通じやすい場所である。まち中の看板や案内表示は多言語表記され，ヨーロッパ各国からの観光客に対応している。

4 今後の学修課題

グランカナリア，テネリフェ両島での景観観察から，島内で地域的差異があることが確認できる。具体的には，農山村部と都市部との差異，歴史的都市と新興リゾート都市との差異などである。また，グランカナリア島におけるラスパルマスの首位都市としての特徴，ラスパルマスとサンタクルスの都市規模の格差，テネリフェ島におけるサンタクルスとラ ラグーナの都市機能の分担と景観の差異など，歴史的経緯に起因する諸都市の特徴をつかむことができる。事後の学修では，文献調査および現地での景観観察から，カナリア諸島の自然的・文化的特徴を7島間で比較しながら確認したい。これらをふまえ，カナリア諸島がヨーロッパ有数の観光地となった自然的・歴史的・文化的背景を考えたい。

カナリア諸島は太平洋にあるハワイ諸島に匹敵する火山群島であることや，諸島内でも東側と西側の島々では自然環境が大きく異なることなどから，自然地理学の観点からエクスカーションを企画・実施しても面白いだろう。その際は，サハラ砂漠により近いフエルテベントゥーラ島をぜひ訪れたい。グランカナリア，テネリフェ両島とは異なり，島内には荒涼とした景観が広がっている（Instituto Geográfico Nacional, 2002）。

最後に，海外エクスカーションを企画・実施するためには，ある程度の英語力が必要と考える。しかし，世界には英語が通じない地域も多い。先進国の一員とされるスペインではあるが，首都マドリードにおいてさえホテルや政府機関で英語が通じないことが多々あり，カナリア諸島（リゾート地区を除く）においてはなおさらである。それゆえ，カナリア諸島でのエクスカーションの経験が，地理的関心はもとより，英語圏以外の地域の歴史や文化に興味をもつきっかけとなることを期待したい。

［片柳　勉］

参考文献

Consejería de Educación, Cultura y Deportes (2005): *Conocimiento del Medio Natural, Social y Cultural Canarias, un archipiélago en el Atlántico*. Gobierno de Canarias.

Instituto Canario de Estadística (2018): http://www.gobiernodecanarias.org/istac/temas_estadisticos/demografia/poblacion（最終閲覧日：2018年2月14日）

Instituto Geográfico Nacional (2002): *Imagen y Paisaje*. Instituto Geográfico Nacional.

Patronato de Turismo de Gran Canaria (2018): http://www.grancanaria.com/turismo/fileadmin/PDF/informes/PDF/FRONTUR.pdf（最終閲覧日：2018年2月14日）

Stone P. (2014): *The Canary Islands A Cultural History*. Signal Books.

● コラム２　　ヨーロッパの今を知るためのエクスカーションの提案

　ヨーロッパは地理のエクスカーションにおあつらえ向きの場所があちこちにある。というのは，近代地理学がヨーロッパで発達する間，ヨーロッパ各地からいわゆる典型的な地理的事象が選び出され，それが論文や研究書で紹介されてきたからである。氷河地形や海岸地形はもちろん，集落や農業の形態，都市構造や工業立地など，きわめて多くの「典型例」をヨーロッパに見つけ出すことができるのである。だから教科書で学んだ実物を確かめるだけでも，現地に行く意義は十分にあるだろう。

　しかし，その一方でヨーロッパは確実に変化している。自然環境をはじめ，政治や経済，社会の変貌ぶりは著しく，また伝統文化も世代の交代とともにその意味が変わりつつある。何よりもEUによる地域統合の流れと人の移動の激化は，それまでのヨーロッパを大きく変えてしまっている。ヨーロッパでのエクスカーションは，この変わりゆくヨーロッパを学ぶことも重要なテーマとすべきだろう。そこでここでは，変わりゆくドイツ・フランス国境地域を訪ね，ヨーロッパ統合を考える10泊11日のエクスカーションを提案する。

　第1〜2日目：ドイツのフランクフルト空港①到着後，ドイツ鉄道の特急（ICE）で約30分。ライン川沿いを南下して，まず工業都市マンハイム②に向かう。ここはライン川の対岸のルードヴィヒスハーフェンとともに産業都市圏を形成しており，沿岸にはBASFやABBなど化学・機械の大手企業が立地する。工場見学の機会があれば，ライン川の水運を利用した産業中心地の特性を知ることができる。

　第3〜5日目：マンハイムから鉄道でフランスのストラスブール③に向かう。国境のライン川を越え，約2時間でこのアルザス地方の中心都市に到着する。普仏戦争（1871年）後にドイツ領になって以来，戦争ごとに帰属が変わった地域である。しかし，今や国境はフリーパス。穏やかな風景からは，かつてここが戦場だったことを想像することは難しい。

　ストラスブールは歴史ある美しい旧市街地で知られる。そうした中で，このまちには19世紀後半のドイツ支配の時代に大規模な市街地整備がなされ，中央駅やストラスブール大学本館などが建設されたことから，今もなお市街地にはフランスとドイツの歴史が刻印されている。その一方で，EUの欧州議会本会議場が置かれるなど，このまちはヨーロッパ統合の象徴の場でもある。

　第6〜7日：ストラスブールから鉄道で南下。約1時間半でドイツの都市フライブルク④へ。ここはエコ都市や環境都市の名で世界的に著名である。マイカーを締め出した旧市街地をはじめ，太陽光発電，エコハウスなど先進的な技術を用いた環境整備事業が進んでいる。たとえば南郊のヴォーバン地区はかつてのフランス軍駐留跡を利用した住宅地で，化石燃料を使わない環境重視の整備には注目したい。

　第8〜9日目：さらに鉄道で南下して1時間足らずでスイスのバーゼル⑤に到着する。スイスへの国境越えもフリーパスである。バーゼルはスイス国内トップの産業都市だが，そこではドイツやフランスと接する立地の利点が活用されている。このまちにはスイスだけでなくドイツやフランスからも通勤者が流れ込み，3つの国の情報が集積している。

　第10〜11日目：ここからスイスのチューリヒ空港⑥まで鉄道で約1時間。日本への帰途につくことになる。

　以上はヨーロッパ理解のためのエクスカーションの一例である。冒頭で述べたように，ヨーロッパにはよく知られた地理的事象が各地にあるから，それを巡るもよし。しかし，地域の統合をめざしつつも，軋みがあちこちから聞こえてくるヨーロッパを実感するのも，エクスカーションならではの成果になるだろう。国境線を挟む地域の比較や，都市に暮らす外国人への聞き取り，観光地の魅力を高める伝統文化イベントの体験などを通して，ヨーロッパには観察して考える話題が満載である。新しい発見を求めて，ぜひヨーロッパに足を運んでいただきたい。

［加賀美雅弘］

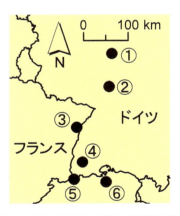

第4章 海外エクスカーションテーマの提案

4.3 フィリピン共和国マニラ首都圏にみる経済活動の諸現象

ポイント
1. 国の中心地であるマニラ首都圏の地域的な機能の違いを景観と関連付けて考える。
2. 現在の地域的特性と，かつての植民地支配の影響を考える。
3. 経済のグローバル化が，世界都市マニラに与える影響を考える。

コース（6泊7日）：（1日目）日本発→マニラ首都圏泊→（2日目）マニラ首都圏（マカティCBD①）→（3日目）グリーン・ヒルズ→マニラ首都圏（リサール公園，イントラムロス②〜④など）→（4日目）マニラ首都圏（チャイナタウン⑤，キアポ教会⑥など）→（5日目）マニラ首都圏（マラカニアン宮殿，トンド地区⑦〜⑨など）→（6日目）マニラ首都圏（ディビソリア市場⑩，バクララン市場⑪）→（7日目）マニラ発→日本着

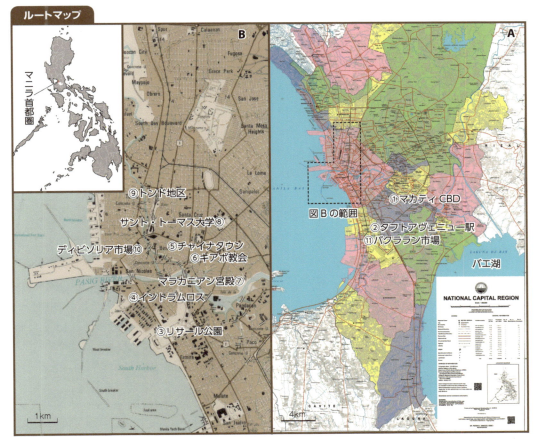

図 4.3.1 本節のルート **A** マニラ首都圏（National Mapping and Resource Information Authority. 行政図「NATIONAL CAPITAL REGION」2013） **B** マニラ市中心部（National Mapping and Resource Information Authority. 5万分の1地形図「Manila」1995）

1　事前準備

　本エクスカーションは，景観を通して地域の特性をとらえることをおもなテーマとし，目的地をフィリピン共和国（以下，フィリピン）とする。同国はアジア大陸の南東方，台湾とボルネオ島，スラウェシ島の間の西太平洋上に浮かぶ7,107の島からなる島嶼国家である。1521年にポルトガルの探検家フェルディナンド・マゼランの到着，1565年にスペインによる植民地化以降，1946年の独立まで宗主国の支配下にあった。その中でも230年近くにわたり同国を治めたスペインの影響は大きく，その遺構は現在のまち並みや景観，建物の配置にもみて取れる。事前の文献調査は以下の点に留意しながら進めたい。

　まず第一に，植民地首府が置かれた地域と，独立後に新たに都市開発が進められた地域の違いに着目する。第二に，「縁こき場所」として，地方から移住するひとびとが足がかりとして居住することの多いスクオッター地域と，それらの地域に居住するひとびとの首都圏における役割を考える。第三に，パレンケ（palengke：市場）に注目し，供給地域や購買者層，空間的配置について考える。これらの3つの地域の視点にかかわる比較を通じて，地域の成り立ちと実態，そして変容について，経済活動から考えていくこととする。

　調査に先立ち，国家地図資源情報庁（National Mapping and Resource Information Authority；NAMRIA）にてマニラ首都圏の各地域を詳細に表す1万分の1，あるいは5万分の1の地形図を入手する。すなわち，対象地域の地形の特色や都市計画の概観，道路網について事前に把握しておくことが，地域の的確な理解のためには有効なためである。地形図はNAMRIAの地域事務所でも購入可能であるが，地域事務所には当該地域のものしか取り扱っていないケースも多いので，マニラ首都圏タギグ市にあるNAMRIA本部で入手しておくことが望ましい。NAMRIA本部ではマニラ首都圏のみならず，全国の地形図が入手可能である。

　本エクスカーションは7日間の日程を想定しており，訪問先はルソン島内のマニラ首都圏である。ルソン島の面積は10万4,700 km^{2}で国内最大の島である。またこのエクスカーションで取り上げるマニラ首都圏は，2015年現在，人口約1,287万，面積636 km^2，16市1町からなる広域行政体である。

　成田空港から4時間半から5時間の飛行時間を経てニノイ・アキノ国際空港に到着する。日本との時差は1時間で，フィリピンが遅れているため，必要に応じて飛行機の中で時計を修正しておく。入国審査のレーンは，フィリピン国民用，OFWs（フィリピン海外就労者）用，ASEAN諸国出身者用，外国人用のように複数に分かれているため，自身のパスポートを確認してそのレーンに並ぶ。

　入国審査通過後に空港を出て，市内に向かう。公共交通機関としては空港敷地内にまで入構可能なタクシー，敷地外ではバスまたはジプニーの利用が一般的である。ジプニーは乗り合いバスのようなもので，フィリピンにおける公共輸送機関として広く使用される（図4.3.2）。フィリピンのジプニーの多くは，第二次世界大戦後にフィリピン駐留アメリカ軍払い下げのジープを改造して製作されたことに端を発する。路線は決まっているものの，路線図のようなものでは示されていないため，車体の横に表記される行き先から自身の目的地がその途上にあるか判断して乗車する。

図 4.3.2 フィリピンの公共輸送機関ジプニー
（2017 年 9 月，長沼撮影）

図 4.3.3 イースト通りからみたマカティ CBD
（2015 年 2 月，貝沼撮影）

図 4.3.4 マカティ CBD の区画（ACCU-MAP「CITIATLAS METRO MANILA」より）

2 中心地としての機能を考える

まず空港からマカティ（Makati）市に向かう。空港からマカティ市の中心地まではサウス・スーパー・ハイウェイ（South Super Highway）とエピファニオ・デ・ロス・サントス，通称エドサ（EDSA）通りに沿って移動する。その間，道路距離にして 5～6 km であるものの，交通渋滞次第では数時間を要する。マカティ市には，マニラ首都圏内の主要な 3 つの CBD（Central Business District）の一つで，最も歴史のあるマカティ CBD①がある（図 4.3.3）。マカティ CBD はエドサ通り，サウス・スーパー・ハイウェイ，ヒル・プヤット通り（Gil Puyat Avenue），アントニオ・S・アルナイス通り（Antonio S. Arnaiz Avenue）に囲まれる扇型の区画からなる（図 4.3.4）。1940 年代にスペイン系のアヤラ（Ayala）財閥によって開発が進められ，1970 年代に建設された複合施設のグリーンベルト（Greenbelt），外資系企業や金融機関，在外公館が位置する，フィリピンの経済活動の中心地域といえよう。また日本の国際協力機構の事務所や多くの現地の本社機能もこの地域に集積する。CBD 内

には複数の高級住宅街があり，中でもフォルベス・パーク（Forbes Park）は日本国大使公邸を含む各国公邸が立ち並ぶ。またフィリピンで最も地価の高い高級住宅地として，長い歴史を有している。一方，外国人の居住エリアとしてはレガスピ・ヴィレッジ（Legazpi Village）やサルセド・ヴィレッジ（Salcedo Village）などがあり，住民あるいは住民の許可のない者は，それらの地区への入構は許されない。

マニラ首都圏内には，このほかにオルティガス（Ortigas）とボニファシオ・グローバルシティ（Bonifacio Global City）の2つのCBDがある。前者は1990年代に発展し，それまでロハス大通り（Roxas Boulevard）沿いにあったアジア開発銀行の社屋移転と，華人系財閥のヘンリー・シー（Henry Sy）が所有する国内最大の流通業者であるSMグループによるメガモール建設が地域開発を牽引した（図4.3.5）。他方，後者の開発は1990年代半ばに始まる。元来，アメリカ軍駐屯地であった土地が，独立後にフィリピン陸軍総司令部，海軍基地が置かれ，その一部が1995年より商業地区として再開発されることとなった。マカティやオルティガスと比較すると，道路整備から開発が進められたCBD建設で，道路なども直線状に展開していることもあって，自身の所在地を確認しやすい地域といえよう。

次に，マカティCBDの近くのメトロマニラレールトランジットシステム（Metro Manila Rail Transit System：MRT）のアヤラ駅から東に移動し，終点のタフトアヴェニュー（Taft Avenue）駅②で降りて，マニラ・ライトレールトランジットシステム（Manila Light Rail Transit System：LRT）のエドサ駅に移動する。そこからルーズヴェルト（Roosevelt）駅行きに乗車し，マニラ湾の東側を南北に走るロハス・ブルバードを北上し，U.N.アヴェニュー（U.N.Avenue）駅で降車する。そこから西に延びるU.N.アヴェニュー通りをタフト通りとの交差点まで移動し200mほど北上すると，右前方にリサール公園（Rizal Park）③が広がる。そこではマニラ湾を見渡すように，19世紀にスペインからの独立運動を率いた国民的英雄のホセ・リサール像（Rizal Monument）が建っている（図4.3.6）。リサール公園内には日本庭園や中国庭園のほか，古代遺跡の出土品から，地方の暮らしが理解できるフィリピン人博物館（The Museum of the Filipino People）がある。

図4.3.5 MRTからみたオルティガスCBD（2017年9月，貝沼撮影）

図4.3.6 マニラ湾を臨むホセ・リサール像（2004年10月，貝沼撮影）

そして公園に隣接するのが，城壁都市イントラムロス（Intramuros）④である。1571年にスペイン国王に初代総督として任命されたレガスピ（Miguel López de Legazpi）が設置した地域で，当時はこの区域のみが「マニラ市」とされていた。イントラムロスはスペイン人のために建設された都市であり，総督府，大司教座，大司教座聖堂，市会庁舎，プラザ，各派修道会の教会および修道院，中・高等教育機関などが置かれていた。その後，イントラムロスを核としてエストラムロス（Extramuros，城壁の外部の意）やアラバーレス（Alabares，郊外の意）を含め，市域の拡大および都市的な発達をたどることになった。現在のイントラムロスでは，フィリピン華僑の歴史をテーマとしたバハイ・チノイ（Bahay Tsinoy），19世紀建築のコロニアル様式の家屋で博物館でもあるカーサ・マニラ（Casa Manila），スペイン統治時代の1571年に建造が始まり，イギリスやアメリカの軍司令部，太平洋戦争中には日本の憲兵隊の本部も置かれたサンチャゴ要塞（Fort Santiago）をみることができる。

イントラムロスから数百m離れたセントラル・ステーション（Central Station）駅から北に1駅移動してカリエド（Cariedo）駅で降車して西に向かうか，もしくはイントラムロスの東側で南北にかかるジョーンズ橋を渡ると，親善門が目前に現れ，その奥に1594年に建設された世界で最も歴史のあるチャイナタウン⑤が広がる。このあたりのサンタ・クルス（Santa Cruz）地区は，18世紀中葉には諸島住民であるナチュラーレスと中国系メスティーソが共存する集落となっていた。その中で経済的な影響力を強めていった華人から経済的な実権を取り戻すため，スペイン植民地政府は非カトリック教徒の華人を追放する一方で，カトリックを信仰する華人のためにチャイナタウンを建設したのである。この地域にあるビノンド（Binondo）教会，商業活動の中心地として機能したエスコルタ（Escolta）通りには，現在も当時の面影がみられる。またパシグ（Pasig）川を渡って北に行くと，ショッピングセンターのラッキー・チャイナタウン（Lucky Chinatown）もあり，伝統的な風情を残すビノンド地区にあって，現代的な様相をみせている。

カリエド駅から東に進むと，ブラック・ナザレ（Black Nazarene，黒いキリスト像の意）が納められている1582年建設のキアポ（Quiapo）教会⑥や，1976年建設のマニラ・ゴールデン・モスク（Manila Golden Mosque）をみることができる。ゴールデン・モスク周辺にはイスラム教徒も多く居住しており，ムスリム系の食堂や店舗が立ち並ぶ。そこから，パスクアル・キャサル通り（Pasucual Casal Street）を越えて1km弱ほど移動すると大統領官邸であるマラカニアン（Malacañang）宮殿⑦がある。スペインとアメリカの統治時代には官邸として使用され，1986年にアキノ（Corazon C. Aquino）大統領がその職に就任してからは一部が一般公開されるようになり，現在では大統領記念博物館のみが見学可能となっている。

カリエド駅からさらに北に2駅行き，バンバン（Bambang）駅で降車する。駅を東西に横切るバンバン通りを西に200mほど移動すると，サント・トーマス大学（University of Santo Tomas）⑧が目の前に現れる。この大学は1611年に創設され，現存するアジア最古で，単一キャンパスとしては世界最大の学生数（2015年現在で44,791名）を擁するカトリック系大学となっている。スペインの

支配下でスペイン人市民に対する教育を目的に設立された。

現代的なCBDはマカティ（マカティ市），オルティガス（パシグ市），ボニファシオ・グローバルシティ（タギグ市：Taguig City）のようにマニラ首都圏内の内陸部に位置するのに対し，以上，みてきたように，伝統的な中心地はマニラ湾沿いの地域（マニラ市）に展開していたといえよう。また湾岸地域には米国大使館や日本大使館，フィリピン中央銀行などが立地しており，長い歴史のある施設はこの地域に集積している。

また宗教人口に目を転じるならば，カトリック教徒を筆頭にキリスト教徒が90％以上を占めるフィリピンにおいて，ルソン島ではカトリック教徒が最も多い。一方，国内で2番目に多い宗教人口はイスラム教徒であるが，その多くはミンダナオ（Mindanao）島，スルー（Sulu）諸島，パラワン（Palawan）島に集住している。しかしながら，マニラ首都圏のように大都市で生活する者もおり，とくにマニラ首都圏サン・フアン（San Juan）市に位置する商業施設グリーン・ヒルズ（Green Hills）の真珠売り場においては，自身の出身地の製品を販売するイスラム教徒が大多数を占める。

3　スクウォッターエリアとインフォーマルセクターから考える

次に，インフォーマルセクターの仕事を担うことの多い人が集住するスクウォッターエリアについて考えてみよう。マニラにおける代表的なスクウォッターエリアはマニラ市の東西に横切るパシグ川北部に位置するトンド（Tondo）地区⑨や，マララ（Marala）川の手前に広がるスモーキーマウンテン（Smokey Mountain）周辺などがある。スモーキーマウンテンは，かつては一漁村であったが，1954年に不燃廃棄物の投棄場となり，それ以降はマニラ市内の廃棄物が持ち込まれるようになった。その結果，21 haの面積の土地に，高さ約30 mの廃棄物の山が

●**インフォーマルセクター**
　その経済活動が行政の指導下になく，低い参入障壁，現地資源の利用，家族経営，小規模経済単位，労働集約的な低い技術水準などに特色づけられる経済活動の分野。職業としては，露天商，行商人，サリサリストア（集落にある小規模なよろずや），靴磨き，小規模零細の実業家や自営業者などが含まれる。また彼らは都市の富裕層あるいは中間層に対し，家事などのさまざまなサービスを安価に提供する。

図 4.3.7　スモーキーマウンテンと近隣住民（2004年10月，貝沼撮影）

図 4.3.8　パヤタス地区住民による集会（2013年2月，貝沼撮影）

でき上がった。積み上げられた廃棄物が自然発火により常に煙を上げていたことから，スモーキーマウンテンと称されるようになり，農村部や他の島から所得の向上，より良い就労機会を求めて移動してきた労働者に，リサイクル商品の回収などの仕事の場を提供した。またそのような労働者は故郷を離れてマニラという都会に移住したものの，事前に住居を決めてきたわけではなく，多くのケースではトンド地区内のスクオッターエリアに身を寄せ，同郷のひとびととともに生活し，情報を共有しながらより好条件の就労先と居住地を求めていく（図4.3.7）。

しかし1994年にラモス（Fidel V.Ramos）大統領がスモーキーマウンテンへの廃棄物搬入の停止を決定すると，ケソン（Quezon）市にあるパヤタス（Payatas）地区が首都圏の最終処分場となり，マニラ首都圏の数千トンの廃棄物が持ち込まれるようになった。ここで生活し現金収入を得る人は3,000人以上とされ，衛生的に厳しい環境に身を置きながら過ごしている（図4.3.8）。

ではなぜトンド地区がそのような特質を有するに至ったのかを考えてみたい。ここにはフィリピン国有鉄道（Philippine National Railways）の始発駅であるトゥトゥバン（Tutuban）駅がある。この鉄道は1892年にマニラ鉄道会社（Manila Railway Company）によって営業が開始された私鉄が1916年に国有化されたものである。当初は，北はラ・ウニオン州サン・フェルナンド（San Fernando, La Union），南はアルバイ州レガスピ（Legazpi, Albay）までつながる路線を展開していたが，災害や財政上の理由により，現在は首都圏内近郊地域における路線のみ提供している。今日，トゥトゥバン駅を起点として，北はマニラ首都圏カローカン（Caloocan），南はラグナ州カランバ（Calamba, Laguna）まで延びている。また沿岸部にはマニラ北港（Manila North Port）もあり，交通の要所であることがみて取れる。すなわち，かつては中心地として栄えたこの地域に地方からも労働者が流れ込み，それがスクオッターエリアの拡大につながっていったといえよう。

このようにマニラ首都圏は，平均的な値としては国内で最も経済水準が高いとされるが，その域内格差は非常に大きい。マニラ首都圏における高賃金や利便性の高い生活を求めて地方から移住してきたものの，生活費や物価の高さにより出身地にいたときより苦しい生活を余儀なくされた結果，出身地に戻っていく者も少なくない。

4 市民の台所としての市場から考える

マニラ首都圏にはいくつかの大規模な市場があり，その中でもとくにディビソリア市場（Divisoria Market）⑩に注目したい（図4.3.9）。

LRT Line1のドロテオ・ホセ（Doroteo Jose）駅もしくはLRT Line2のレクト（Recto）駅で下車し，レクト通りを西に向かって歩くと，ディビソリア市場やトゥトゥバン・センター（Tutuban center）に到達する。ディビソリア市場はスペイン支配下の時代に，イントラムロス周辺に居住することを許されなかった非カトリック教徒の華人が，現在のビノンド地区を含む地域に商業活動の核を据え，それがディビソリア市場に発展した。

この市場は敷地面積の大きさ（0.5 km^2），取扱商品の低価格多品種によって特色づけられる，マニラ首都圏における市場の中心的存

在である。小売り，卸売りの業者，ホテルレストランの買付担当者も訪れ，また一般客も多く，値引き交渉があらゆるところでおこなわれている。そこには肉や魚，卵などの生鮮食品のほか，地方から輸送されてきた野菜や果物なども深夜もしくは早朝から並ぶ。

マニラ首都圏とルソン（Luzon）島北部を結ぶ長距離バスの発着地ともなっており，国内有数の温帯野菜の生産地であるベンゲット（Benguet）州からも，毎日新鮮な野菜が届けられ，バラやスプレーマム，グロリオサなどの花卉も取引される（図4.3.10）。さらには衣料品，生活雑貨も扱われ，多くの市民の生活を支えている。CBDでみられるような現在的なモールとは異なるものの，フィリピンのひとびとの日常生活がどのようなものであるかを感じることができる貴重な場所といえよう。

マニラ首都圏内における規模の大きい市場としては，パサイ市のエドサ通りとタフト通りの交差点近く，もしくはLRT Line1のバクララン（Baclaran）駅近くのバクララン市場（Baclaran Market）⑪がある。この市場にはマニラ首都圏南部の郊外地域のひとびとが多く集う。このような市場では顧客のニーズに対する迅速な対応に定評があり，著者も帰国日前夜に購入した長さ2mの筒状の地図を納める袋が必要になり，帰国日の朝にバクララン市場のカーテン屋に立ち寄り，カーテン生地を使って5分ほどで仕上げてもらったことがあった。このような弾力的な対応や，値引き交渉にも応じる商売のあり方も，多くの顧客の心をつかんで離さないところである。

5　今後の学習課題

今回のコースはマニラ首都圏内を中心に回るものであった。国土面積比0.2％という小さい地域でありながら，ここは国内人口の13％を擁し，国の富と財が集中する「約束された地」であり，良い意味でもそうでない意味においても，フィリピンのひとびとにとっては特別な地域である。地方に住むひとびとは，さまざまな思いを込めて，この地を"Imperial Manila（マニラ帝国）"と称する。

しかし実態としては，マカティやボニファシオ・グローバルシティのように近代的なまち並みや高層ビルが立ち並ぶエリアもある反面，スモーキーマウンテンとその周辺地域のように，かつてはアジア最大のスラム街とさ

図4.3.9　ディビソリア市場を行き交うひとびと（2004年10月，貝沼撮影）

図4.3.10　ディビソリア市場内の花卉売り場（2004年10月，貝沼撮影）

れた場所もある。さまざまな地方から移住してきたひとびとが混住する地域でもあり，出身地域も，言語も，信仰する宗教も多岐にわたる。それが時として軋轢を生むものの，互いに折り合いをつけて共存する方法を模索しているのも事実である。多種多様な地域のさまざまな要素を併せ持つマニラ首都圏から私たちが学ぶべきことは多い。

　もし機会があれば，このほかにも地方に目を転じ，さらなる島嶼国家フィリピンの地域的多様性の理解に努めたい。一例として，マニラ首都圏から北に100 km弱に位置するパンパンガ（Pampanga）州を事例とするならば，高度都市化市のアンヘレス（Angeles）市とクラーク（Clark）特別経済区内にあるクラーク国際空港に注目し，新たな開発拠点としてのその役割を考えることも可能である。さらに北に260 km移動したところにあるイフガオ（Ifugao）州では，伝統的な価値観に基づく生活をしてきた先住民族に，経済のグローバル化とユネスコ世界文化遺産への登録により生じた変化を知ることができるであろう。

　島嶼国家という特性もあり，フィリピンは実に地域的多様性に富み，そしてそれはときとして地域格差の形成にもつながる。したがって，この問題をいかに取り扱うかということを，常に政府も検討すべき課題として位置づけ，国民もその動向に注目している。その一方で，地理学を学ぶ私たちにとっては，多くの視座を与え，さまざまな題材を提供してくれる国であるといえよう。

　経済のグローバル化に伴い，以前にも増して諸外国とかかわることが多くなってきたフィリピンであるが，近年の目覚ましい変化としては「BPO（Business Process Outsourcing）拠点」と「英語留学先」としての位置づけであろう。これらは1898年から約50年間続いた米国支配時代にその素地が築かれた，フィリピン国民の高い英語運用能力によるものである。また同国民の労働市場における高い需要の影響も否定できない。目覚ましい速度で変わりゆく現代の地域的様相を理解するためには，その国の歴史を理解したうえで地域をとらえる，重層的に地域像を作り上げる視点が不可欠といえよう。

〔貝沼恵美〕

参考文献
大阪市立大学経済研究所監修（2001）：『アジアの大都市（4）マニラ』日本評論社．
Asia Society：https://asiasociety.org/education/religion-philippines（最終閲覧日：2018年7月20日）
ACCU-MAP（2002），CITIATLAS *METRO MANILA*．

第4章 海外エクスカーションテーマの提案

4.4 アメリカ合衆国の国立公園で自然を学ぶ
―― ブライスキャニオンを事例に

ポイント
1. 事前にビジターセンターを訪れて地図や資料を収集する
2. 対象地域だけでなく，周辺地域の自然環境との関係を整理する
3. 地質や地形の観察から，地形形成過程を読み解く

コース（1泊2日）：ビジターセンター①→ブライスポイント②→ファービューポイント③→ナチュラルブリッジ④→ナバホループトレイル⑤

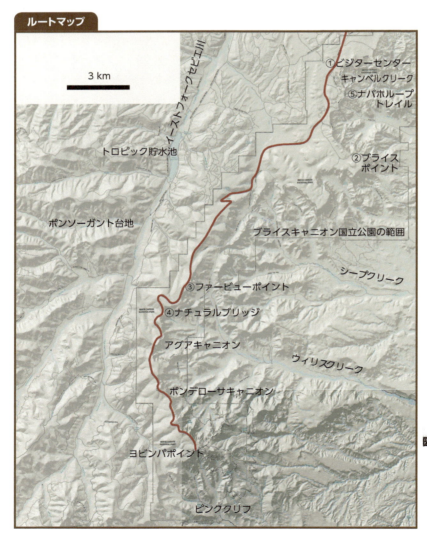

図 4.4.1 本節のルート，およびブライスキャニオン国立公園とその周辺の地形（USGS発行のUSTOPOをもとに筆者作成）

1 アメリカ合衆国の国立公園

近年，日本では世界遺産ブームが続いており，登録されるやいなや観光客が押し寄せ，海外旅行のガイドブックなどでも大きく取り上げられている。しかし，世界遺産が注目される以前は自然を堪能するツアーといえば，米国の国立公園を巡る旅の人気が高かった。とくに，アメリカ合衆国は世界で初めて国立公園制度を設けた国でもあり，イエローストーンやグランドキャニオン，ヨセミテなどがよく知られている。

アメリカ中西部は降水量が少なく土地がやせていることから，森林資源や鉱物資源がない場合，開拓初期には不毛の土地として扱われた。しかし，ヨーロッパにはない雄大な自然景観がアメリカ移住者の象徴や誇りとなり，新たな経済的価値を生み出してきた。この自然景観を保護するために国立公園システムが法整備され，広く国民のレクリエーションや環境学習の場として利用されるようになった（上岡，2002）。現在では国内のみならず海外からも多くの観光客を集めている。

2017年1月現在，アメリカ合衆国には60の国立公園（National Park）が設置されているほか，国立公園システムの制度下に合計417か所の地域（National MonumentやNational Seashoreなど20種類）が置かれている（National Park Foundation の資料による）。中西部に広がるグランドサークルでは，河川による侵食や風化・削剥によって形成された半乾燥地域の地形を中心とした10の国立公園が存在する。特筆すべき優れた自然景観にとどまらず，現在ではメサ・ヴェルデ国立公園，キャニオン・デ・シェイ国定公園など，垂直にそそり立つ谷壁の横穴に作られた石組み住居の跡を保存し，かつての先住民族（ネイティブ・アメリカン）の生活や文化を知ることができる国立公園も整備されている。本節では，アメリカ合衆国の国立公園でエクスカーションをおこなう事例として，ブライスキャニオン国立公園を取り上げる。

●グランドサークル

アメリカ合衆国の中西部に広がるコロラド高原にある国立公園の総称。グランドキャニオン，ザイオン，ブライスキャニオン，デスバレー，ペトリファイド・フォレスト，アーチーズ，キャニオンランド，メサヴェルデ（以上，国立公園：National Park），キャニオン・デ・シェイ（国定公園：National Monument）など半乾燥地域の壮大な自然景観がみられる。

2 グランドサークル，グランドステアケースの地質

アメリカ合衆国中西部のコロラド台地（Colorado Plateau）は，ユタ州，コロラド州，アリゾナ州，ニューメキシコ州の4州にまたがって広がっている（図4.4.2）。堆積岩

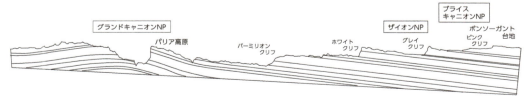

図 4.4.2 コロラド台地の地形・地質と国立公園（アメリカ合衆国国立公園局の資料より筆者作成）

が緩やかな褶曲を受けつつほぼ水平に隆起した地域で，標高はおよそ1,000〜2,000 mで，一部3,000m以上になる山地もある。ロッキー山脈を水源とするコロラド川とその支流が台地構成層を侵食し，多様な地形を形成している。この地域には入園者数上位を占める国立公園が多数存在しており，グランドサークル（Grand Circle）とよばれている。

コロラド地域は大きな階段状の地形であるグランドステアケース（Grand Staircase）を形成している（図4.4.2）。グランドキャニオンを刻むコロラド川の河床に露出するビシュヌ片岩は16〜20億年以上前に形成された基盤岩で，いくつかの不整合を挟みながら新しい地層に覆われている。緩やかに地層が褶曲・傾斜しているために広域的にみると階段状の地形が形成されている。上位の地層ほど侵食抵抗性が低い傾向があるため地層ごとに地形が異なり，各国立公園の個性が際立つ。ぜひ2つ以上の国立公園を訪れて景観の違いを比較することをお勧めしたい。

グランドサークルを巡るツアーが旅行会社などで企画されているが，1〜2週間のツアー日程が多い。グランドキャニオンなどの面積が広い国立公園では，おもなスポットを観察するだけでも数日はかかってしまう。比較的近い位置にあるザイオンとブライスキャニオンの移動でさえも，自動車で2時間かかる。多数のスポットを短時間でまわるエクスカーションも良いが，じっくり楽しむ時間的余裕があると自然の見方も変わるだろう。

3 ブライスキャニオン

今回紹介するブライスキャニオン（Bryce Canyon）は，1923年にNational Monumentとして設置され，その後1928年には国立公園となった。本国立公園の年間入場者数は約257万人であり（NPS, 2018），アメリカの東海岸や西海岸など人口が集中する大都市から距離が遠いことを考慮すると，人気が高い公園といえる。本節では，ラスベガス空港やシーダーシティ空港からレンタカーを使用し，展望台などを巡るコース（1日目）と，トレイルルート沿いに徒歩で観察するルート（2日目）を紹介する。宿泊は，国立公園内外にあるロッジやモーテルを利用できる。ほとんどの国立公園は入園券の有効期限が数日間あるので，公園範囲外に宿泊して翌日再入場することが可能だ。

a. ビジターセンター

国立公園のゲートを通過してまず行きたいのが，ビジターセンター①だ（図4.4.3）。ビジターセンター正面の看板には，アメリカ国立公園のエンブレムが描かれている。世界で初めて国立公園として認定されたイエローストーンに生息するバッファロー（アメリカバイソン）やセコイアの木，矢じりなどがモチーフとなっている。国立公園周辺の地形・地質に関するジオラマや，生態系に関する説

図4.4.3 ブライスキャニオン国立公園のビジターセンター（2011年7月，小松撮影）

図 4.4.4　ベンチマーク（2011年7月，小松撮影）

図 4.4.5　ブライスポイントからの景観（2011年7月，小松撮影）

図 4.4.6　グロット（2011年7月，小松撮影）

と刻印されている。土産物売り場では，ベンチマークをかたどったマグネットやコインが販売されているので探してみてはいかがだろうか。

b. ブライスポイント

　ブライスキャニオンの西側は，ポンソーガント台地となっており，台上をイーストフォークセビア川（East Fork Sevier River）が緩やかな勾配をもって北東方向へ流れている（図4.4.1）。その台地を南〜東側からパリア川（Paria River）の支流による谷頭侵食が進んでいる。ブライスクリーク，イエロークリーク，シープクリーク，ウィルスクリークなど，降雨時のみ水流が発生する間欠河川が東へ流れている。谷頭部には，地層の色にちなんで名付けられたピンククリフが目立つ。ザイオン国立公園（Zion NP）付近に露出するグレイクリフとは対照的に侵食抵抗性の低い岩石から構成されているおり，谷頭部付近で水系網が四方に広がっていることから，Bryce Amphitheater Valley（ブライス円形劇場型谷）とよばれている（図4.4.5）。

　ブライスポイント②から最上部の地層にあたる灰白色層の地形を観察すると，いくつか洞窟状の横穴（グロット）をみつけることが

明パネルなどが展示されている。専門書や地形図・地質図，ガイドブック，お土産，食料などを調達できるので，エクスカーションの前後で利用すると良い。

　有料・無料のレンジャープログラムもあるので，興味や時間に合わせて予約すると良い。子ども向けにはジュニアレンジャープログラムも用意されている。計画を立てずにふらりと来て，レンジャーと話をしながら目的地を決める会話好きなアメリカ人もたびたびみかけた。日本人との文化の違いだろうか。

　ポンソーガント台地（Paunsaugunt Plateau）上の舗装道路周辺では，米国地質調査所（USGS）の設置したベンチマーク（水準点）をみつけることができる（図4.4.4）。海抜8,295フィート（約2,528 m）という数値のほか，「基準点を破壊すると250ドルの罰金」

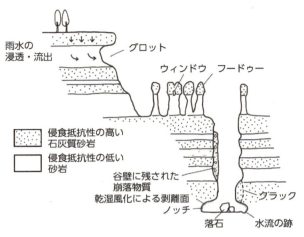

図 4.4.7 ブライスキャニオンの模式断面（筆者作成）

図 4.4.8 フードゥーの例（2011年7月，小松撮影）

図 4.4.9 ファービューポイントから望むブライス谷（2011年7月，小松撮影）

● 谷頭侵食

谷頭とは，谷の源頭部や源流部の地形を指す。谷頭部の地形にはさまざまあるが，馬蹄形の平面形をもつ凹地が特徴的である。台地や丘陵地を刻む谷では，谷頭を境として地形が大きく異なる。このような谷頭では，地下水が湧出するほか降雨時に表流水が集中し，侵食作用によって谷頭の位置が上流方向に移動する。

できる（図4.4.6）。この地層は石灰質砂岩からなり，砂粒子の空隙を炭酸カルシウムの成分が埋めているため，上下の地層に比べると相対的に硬い。地上へ降り注いだ雨水は，亀裂を浸透しながら石灰質砂岩層を溶食し，空洞が形成される（図4.4.7）。

褐色や灰白色など色とりどりの無数の土柱の景観は圧巻だ。とくに土柱の最上部では大きな岩が載るキャップロック構造もみられる（図4.4.8）。このような地形は日本では一般に「きのこ石（岩）」などとよばれ（松倉・田中，2017），地域によっては仏像などにちなむ固有名がつけられていることが多い。おもにアメリカではフードゥー（hoodoo）とよばれ，最近は日本でもそのようによばれることが増えてきた。石灰質砂岩は溶食されやすいが，粒子の剥離は起こりにくいため，このキャップロックが下部の柱状部分を成す地層にとっては雨よけとなり，バランスのよい地形が形成される。

c. ファービューポイント

ファービューポイント③の展望台から眺めると，谷底周辺が森林に覆われていることに少し驚くかもしれない（図4.4.9）。この地域の年平均降水量は427 mmで，一年を通して

4.4 アメリカ合衆国の国立公園で自然を学ぶ──ブライスキャニオンを事例に 97

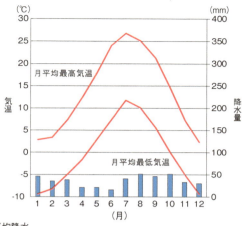

図 4.4.10 ブライスキャニオン付近の雨温図と月平均降水日数（Witwicki, 2013 などの資料より筆者作成）

図 4.4.11 ナチュラルブリッジ（2011年7月, 小松撮影）

図 4.4.12 ウォールストリート（2011年7月, 小松撮影）

降水が観測されており（図4.4.10），冬季にはたびたび積雪する。赤褐色の露頭から乾燥したイメージを思い浮かべるが，本地域は比較的湿潤な気候といえる。基盤岩の露出が目立つが，ブライス谷に向かって沖積錐が発達しており，土砂流出が活発であることが推測できる。それらの場所にはポンデローサパインやダグラスファーなどの針葉樹林帯が広がっているが，樹林のすき間に茶色の地表がみえるほど下層植生が少ない。

d. ナチュラルブリッジ

地点④には天然橋（Natural Bridge）と名付けられたスポットがある（図4.4.11）。差別風化により崩落が生じ，グロットからアーチへと成長したものである。地形学の用語としては，風化や落石などのマスウェスティングによって形成された地形をアーチ，蛇行河川による側方侵食作用などによって穴が穿たれた地形を天然橋と定義している。そのため，正確にはこの地形はアーチとよぶことがふさわしい。

この地点より南にも，アグア・キャニオン（Agua Canyon），ポンデローサ・キャニオン（Ponderosa Canyon），レインボー・ポイント（Rainbow Point）など，自動車で移動できる展望台が用意されている。

e. ナバホループトレイル

ブライスキャニオンは，幅が3m程度しかない峡谷内をトレッキングできることが最大の特徴である。②から④で紹介したポイントは，いずれもポンソーガント台地縁を自動車で巡ることができる見晴らしの良い展望ポイ

図4.4.13 ホーストレイル（2011年7月, 小松撮影）

図4.4.14 雨後の地表面（2011年7月, 小松撮影）

図4.4.15 斜面下部に形成されたノッチ（2011年7月, 小松撮影）

図4.4.16 崩落物質による堰き止めと風化（2011年7月, 小松撮影）

ントである。次に谷幅が狭く，峡谷内部の様子を観察できるナバホループトレイル（Navajo Loop Trail）⑤を紹介する（図4.4.12）。遊歩道は未舗装ではあるが整備されている。本コースは周遊時間も短いためラフな服装をした観光客が多いが，谷底へと続く道は急傾斜なので足もとには十分な注意が必要である。雨具や食料など，トレッキングをするための最低限の準備をしてほしい。また，ビジターセンターで申し込むと，乗馬専用のホーストレイルを楽しめる（図4.4.13）。

上述したようにブライスキャニオン国立公園では1年を通して降水がある。8月の平均降水日数が約10日と三日に一度雨が降り，とくに雷雨が多いことも特筆すべき点である。筆者がブライスキャニオンを訪れた時には，約30分間やや強い雨が降った。水はけの悪いトレイルでは，粘土混じりの砂泥が水分を含み（図4.4.14），強い粘着力をもって靴底に付着した。一部ではあるが谷底に水たまりや水流が発生していた。強く固結されていない岩盤は乾湿風化により亀裂が生じ，落盤や崩壊につながる。日射で風化され風で吹き飛ばされた砂泥粒子や落石などは，粘土鉱物を多く含んでいるためか，水分を吸収してモルタル状に再固結していた。

谷壁の下部に注目すると，谷底の高さにノッチが形成されている（図4.4.7，図4.4.15）。谷底に点在する大小さまざまな岩石（図4.4.16）は，谷壁に刻まれたノッチが

4.4 アメリカ合衆国の国立公園で自然を学ぶ——ブライスキャニオンを事例に　　99

図4.4.17　ノッチ上部に形成された亀裂（2011年7月，小松撮影）

図4.4.18　岩壁に刻まれたかつての谷底面の痕跡（2011年7月，小松撮影）

拡大することによって，その上方にある岩盤が自重で変形して亀裂が入り（図4.4.17），落石したものと考えられる。最も幅の広いウォールストリート（Wall Street）をはじめとするトレイルルート内のいたるところで岩盤亀裂や落石がみられた。岩盤強度が弱いため落下衝撃で崩れるほか，乾湿風化作用による構成粒子の剥落や，雨滴侵食の影響を受けるため，落石の多くは落下直後の形状をとどめていない（図4.4.16）。

f. 崖の後退の痕跡

図4.4.18は，ナバホループトレイルの中でも谷頭部に近い地点で撮影された谷壁の様子である。谷壁には地層境界を示す水平な縞模様が読み取れる。地層によっては風化抵抗性の大小の違いがあるため，単層全体が凹んでいるところもある。水平な地層には，直交する鉛直方向の亀裂が入りやすい。谷壁に入った亀裂は，フードゥーの切れ込みに続くことが多い。亀裂が雨水や地下水の水みちとなるばかりか，風化作用により削剥が進行することがわかる。もし，地層や亀裂が傾斜していたら，ブライスキャニオンに林立するフードゥーは背の低いものになっていたであろう。

●**乾湿風化**（かんしつふうか）

岩石が水を吸収して膨張したり，乾燥して収縮したりする現象を繰り返し，少しずつ脆くなって粒子が崩落する物理的風化の一つ。吸水しやすい分子構造をもつ粘土鉱物を含む泥岩によくみられる。日本では古第三紀や新第三紀の堆積岩のような比較的空隙率の高い軟岩で生じやすい。

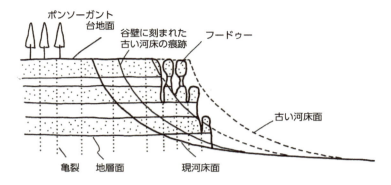

図 4.4.19 ナバホループトレイルの谷壁に刻まれた古い河床の痕跡（筆者作成）

さらに図4.4.18には，30〜40°に傾斜した筋状の凹みもみられる．その傾斜は谷床縦断形と類似している．谷頭侵食によって谷頭の位置が後退するとともに河床が低下したことで，かつての地形が谷壁に痕跡として記録されているのだろう（図4.4.19）．この痕跡は幾重にも並行して刻まれているので，高い位置にあるものほど古い時代の谷底の跡であると推測される．一般的な谷頭侵食による地形では，このような痕跡は残存しにくいが，乾湿風化作用によりノッチが形成されやすい岩石物性であるからこそ，明瞭に刻まれていると考えられる．近い将来，ブライスキャニオンの谷頭侵食速度を推測できるかもしれない．

4 おわりに

本節では，アメリカ国立公園におけるエクスカーションの事例としてブライスキャニオン国立公園を紹介した．1泊2日という短期間のコースであるが，5日間くらいの日程があれば，台地上の植生や下流の河川など，より深い体験ができると考えられる．優れた自然景観の保全・保護のあり方や訪問者の関心など，管理や観光の視点をもち学生教育の場とすることも可能だろう．

［小松陽介］

参考文献

上岡克己（2002）：『アメリカの国立公園—自然保護運動と公園政策』築地書館．

国土地理院HP（2018）：地球地図標高第2版メタデータ "Geospatial Information Authority of Japan" http://www.gsi.go.jp/kankyochiri/gm_global.html （最終閲覧日：2019年1月17日）

地球の歩き方編集室（2017）：『地球の歩き方 B13アメリカ合衆国の国立公園2017〜2018』ダイアモンド社．512p．

松倉公憲・田中幸哉（2017）：きのこ石（岩）．『地形の辞典』日本地形学連合編，朝倉書店．

Harris A.G., Tuttle E. and Tuttle S.D. (2003)："*Geology of National Parks*", Kendall Hunt Publish, 896p.

National Park Foundation HP（2018）：https://www.nationalparks.org/ （最終閲覧日：2019年1月17日）

NPS (2018) Annual Park Ranking Report 2017. http://irma.nps.gov/Stats/ （最終閲覧日：2019年1月17日）

NPS (2018) Bryce Canyon National Park. https://www.nps.gov/brca/ （最終閲覧日：2019年1月17日）

Witwicki (2013)：Climate Monitoring in the Northern Colorado Plateau Network Annual Report 2011. *Natural Resource Technical Report NPS/NCPN/NRTR—2013/664.* https://irma.nps.gov/DataStore/DownloadFile/462832 （最終閲覧日：2019年1月17日）

さらなる学修のための参考文献

1.1節
伊藤徹哉・鈴木重雄・立正大学地理学教室（2015）：『地理エクスカーション』朝倉書店．
立川武蔵・安田喜憲監修（2006〜2014）：『朝倉世界地理講座1〜15』朝倉書店．
矢ヶ崎典隆・加賀美雅弘・古田悦造編著（2011）：『地理学基礎シリーズ3 地誌学概論』朝倉書店．

1.2節
碓井照子編（2018）：『「地理総合」ではじまる地理教育—持続可能な社会づくりをめざして—』古今書院．

1.3節
高松正人（2018）：『観光危機管理ハンドブック—観光客と観光ビジネスを災害から守る』朝倉書店．
矢ヶ崎典隆・菊地俊夫・丸山宏明編著（2018）：『シリーズ地誌トピック2 ローカリゼーション—地域へのこだわり』朝倉書店．
矢ヶ崎典隆・椿 真智子編著（2007）：『東京学芸大学地理学会シリーズ4 世界の国ぐにを調べる』古今書院．

2.1節
立正大学地理学教室編（2010）：『学びの旅—地域の見方・とらえ方・楽しみ方—』古今書院．

2.2節
池永正人（2002）：『チロルのアルム農業と山岳観光の共生』風間書房．
ジョーダン＝ビチコフ，T.G., ジョーダン，B.B.著；山本正三・石井英也・三木一彦共訳（2005）：『ヨーロッパ：文化地域の形成と構造』二宮書店．
松田松二（1998）：『環境科学者の見たチロル』山と渓谷社．

2.3節
今井昭夫・岩井美佐紀（2012）：『現代ベトナムを知るための60章』明石書店．
中村武久・中須賀常雄（1998）：『マングローブ入門』めこん．
宮城豊彦・安食和宏・藤本潔（2003）：『マングローブ—なりたち・人びと・みらい—』古今書院．
吉田元夫（2017）：『ベトナムの基礎知識』めこん．

3.1節
阿部和俊編（2009）：『都市の景観地理—大陸ヨーロッパ編』古今書院．
加賀美雅弘・木村 汎編（2007）：『東ヨーロッパ・ロシア（朝倉世界地理講座10）』朝倉書店．
塩川伸明（2008）：『民族とネーション』岩波書店．
竹沢尚一郎編（2015）：『ミュージアムと負の記憶—戦争・公害・疾病・災害：人類の負の記憶をどう展示するか』東信堂．
中谷 剛（2007）：『ホロコーストを次世代に伝える—アウシュヴィッツ・ミュージアムのガイドとして（岩波ブックレットNo.710）』岩波書店．

3.2節
田村慶子編（2016）：『シンガポールを知るための65章（第4版）』明石書店．
藤巻正己・瀬川真平編（2009）：『現代東南アジア入門（改訂版）』古今書院．
山下清海（2016）：『新・中華街—世界各地で〈華人社会〉は変貌する』講談社．

3.3節
鈴木厚志・小松陽介・松尾忠直（2015）：「シアトル市・キング郡発達誌年表」『地球環境研究』17, 157-181.
永野征男（2018）：『地誌的視点からの日米関係』コプレス．
Crowley, W. & The HistoryLink Staff 2001, *Seattle & King County Timeline*. University of Washington Press.

Ketcherside, R. 2013, *Lost Seattle*. Pavilion Books.

4.1節
江戸淳子（2015）:『ニューカレドニア　カナク・アイデンティティの語り―ネーションの語り・共同体の語り・文化の語り―』明石書店.
津田睦美（2009）:『マブイの往来―ニューカレドニア－日本　引き裂かれた家族と戦争の記憶』人文書院.
吉岡政徳・石森大知編（2010）:『南太平洋を知るための58章―メラネシア・ポリネシア―（エリア・スタディーズ82）』明石書店.

4.2節
川成 洋・坂東省次 編（2011）:『スペイン文化事典』丸善.
坂東省次・碇 順治・戸門一衛（2007）:『現代スペイン情報ハンドブック』三修社.
Stone, P.（2014）: *The Canary Islands A Cultural History*. Signal Books.

4.3節
青木秀男（2013）:『マニラの都市底辺層　―変容する労働と貧困―』大学教育出版.
生田正人（2011）:『東南アジアの大都市圏　―拡大する地域統合―』古今書院.
菊池俊夫・小田宏信編（2014）:『世界地誌シリーズ　東南アジア・オセアニア』朝倉書店.
熊谷圭知・西川大二郎編（2000）:『第三世界を描く地誌　―ローカルからグローバルへ―』古今書院.

4.4節
恩田裕一・飯田智之・奥西一夫・辻村真貴編（1996）:『水文地形学―山地の水循環と地形変化の相互作用』古今書院.
小池一之・山下脩二・岩田修二・漆原和子・小泉武栄・田瀬則雄・松倉公憲・松本　淳・山川修治　編（2017）:『自然地理学事典』朝倉書店.
松倉公憲（2008）:『地形変化の科学―風化と侵食』朝倉書店.

索 引

欧 文

BPO 91
EU 42, 82
NGO 35

あ 行

アウシュヴィッツ収容所跡 42
アジア系移民 58
アルプス地域 26
安全確保 20

イスラム教徒 88
市場 90
移民 68
イントラムロス 86
インフォーマルセクター 88

ヴィレッジ 86
ウィーン 42
雨季 55

英語留学 91
エクスカーション 1
エージェント依頼型 25
エスニック集団 42

オーストリア 25
温帯野菜 90

か 行

海外活動 3
海外体験学習 35
海外旅行 26
回帰線 8
外的営力 9
学修時間 18
学修プログラム 14
華人 51
カトリック教徒 87
カナック 64
科目名称 16
乾季 55
環境問題 23, 36, 38
観光 74

観光地化 73
岩石海岸 77
環太平洋造山帯 58

企業城下町 60
旧市街 28
教育効果 32
極圏 8
緊急時対応 20

クアラルンプール 51
クラクフ 42
クルーズ船 66
グローバル化 91

系統地理学的考察 10
系統地理的理解 5
契約移民 68
結節地域 11
現地集合型 25

公転 8
閘門 58
語学能力 26
国際教育 3, 21
国際理解 3, 16, 19, 21
国立公園 58
古地図 73
国境 27, 52
コーヒー 70
コロニアル様式 77, 87

さ 行

サリサリストア 88
山岳地帯 76
山地地形 28

時差ボケ 60
事後指導 17, 31, 53, 61
事前指導 17, 30, 50, 55
実質地域 10
ジプニー 84
ジャン＝マリー・チバウ 67
首位都市 81
自由行動 50
集約型エビ養殖池 37

植民地首府 84
鐘楼 78
ジョホール・バル 52
シンガポール 49, 52

スキー場 31
スクオッター 84
ステップ気候 55
ストラスブール 82
砂浜海岸 77
スモーキーマウンテン 88

西岸気候 55
世界遺産 43, 73, 79
赤道 8

粗放型エビ養殖池 37

た 行

対蹠点 6
ダウンタウン 58
多民族社会 49
タロイモ 70

地域概念 10
地域差 9
地域調査 2
地域的差異 81
地誌学的考察 10
地軸の傾き 8
地誌的理解 5
チップ 56
チバウ文化センター 67
「地方」学習 3
チャイナタウン 51
中心市街地 28
地理エクスカーション 1
地理学的事象 4
チロル州 25
チロル巡検 25

ツーリズム 27, 47

ドイツ・フランス国境地域 82
東岸気候 55
動機付け 30

等質地域　11
島嶼国家　84
島嶼地域　64
都市的景観　27
トランビア　79
トンド地区　88

な 行

内的営力　8
ナッシュマルクト　46

ニッケル　64
日本人移民　67
ニョニャ料理　52

ヌメア　64

熱帯環境　36

農村　27

は 行

バーゼル　82
博物館　31
ビーチリゾート　70

氷河　29

フィヨルド地形　55
フィールドワーク　2
フライブルク　82
プランテーション　77
ブルネン市場　46

放棄塩田　35
報告書　21, 61
ホロコースト　42

ま 行

学びの仕組み　16
マニラ首都圏　84
マニラ湾　86
マラカニアン宮殿　87
マラッカ　51
マレーシア　49
マングローブ植林　35
マンハイム　82

ミニチュア大陸　74

メラネシア　64, 69
メーリングリスト　50

モニタリング　38

や 行

野鳥観察　39
ヤムイモ　70
飲茶　50

ユダヤ人　42

溶岩台地　59
ヨーロッパ　26
ヨーロッパ統合　82

ら 行

陸繋島　75
リスクマネジメント　20
リゾート　29
　──地区　80
離島　67

歴史地理学的考察　11
レポート　33, 53

路面電車　73

編集者略歴

島津　弘
- 1962年　東京都に生まれる
- 1993年　東京大学大学院理学系研究科
  　　　　博士課程修了
- 現　在　立正大学地球環境科学部地理学科・教授
  　　　　博士（理学）
- 主な業績　『上高地の自然誌』（分担執筆）東海大学出版部
  　　　　　『地形の辞典』（編集委員）朝倉書店

伊藤徹哉
- 1971年　宮城県に生まれる
- 2002年　筑波大学大学院地球科学研究科
  　　　　博士課程修了
- 現　在　立正大学地球環境科学部地理学科・教授
  　　　　博士（理学）
- 主な業績　『世界地誌シリーズ11　ヨーロッパ』（分担執筆）朝倉書店
  　　　　　『〈地理を学ぼう〉地理エクスカーション』（共編者）朝倉書店

〈地理を学ぼう〉
海外エクスカーション　　　定価はカバーに表示

2019年3月5日　初版第1刷

編　集　島　津　　　弘
　　　　伊　藤　徹　哉
　　　　立正大学地理学教室
発行者　朝　倉　誠　造
発行所　株式会社　朝倉書店
　　　　東京都新宿区新小川町6-29
　　　　郵便番号　162-8707
　　　　電　話　03(3260)0141
　　　　ＦＡＸ　03(3260)0180
　　　　http://www.asakura.co.jp

〈検印省略〉

© 2019〈無断複写・転載を禁ず〉　　印刷・製本　ウイル・コーポレーション

ISBN 978-4-254-16359-9　C 3025　　　　Printed in Japan

JCOPY 〈出版者著作権管理機構　委託出版物〉
本書の無断複写は著作権法上での例外を除き禁じられています．複写される場合は，そのつど事前に，出版者著作権管理機構（電話03-5244-5088, FAX 03-5244-5089, e-mail: info@jcopy.or.jp）の許諾を得てください．

日本の風土をより深く理解する

図説 日本の島
76の魅力ある島々の営み

平岡昭利・須山　聡・宮内久光 編

2018年 10月刊行

○国内の特徴ある島嶼の地理, 自然, 歴史, 産業, 生活, 文化等を写真や図と共にビジュアルに紹介.

○産業の変遷や島おこし, 高齢化・過疎化への対策等, 地域の人々の営みに焦点を当てる.

○読者対象：観光学・地理学・経済学・民俗学・地域研究などの学生・研究者, 小中高の社会科教師, 島嶼部を抱える自治体, 観光関連企業・団体, 島嶼に興味を抱く一般読者. 公共・学校図書館

B5判／192頁　定価（本体4,500円＋税）ISBN 978-4-254-16355-1　C3025

朝倉書店

現代日本の植生の姿を解説する決定版，好評書を改訂

図説 日本の植生 第2版

[編著] **福嶋　司** 東京農工大学名誉教授

本における植物群落を網羅し，生態と
布を両軸に，平易に図説。

常の身近な景観や旅先で出会う風景を
み解く格好の手引き。

物生態の基礎を学び，生物・環境学習の
料としても最適の1冊。

■内容目次

第1部　日本の植生

1 日本の植生の特徴
概要／腹背的分布／自然植生と代償植生

2 日本の植生変遷史

第2部　日本の植生分布

1 亜熱帯・暖温帯常緑広葉樹林帯域の植生
亜熱帯の照葉樹林／マングローブ林／等

2 亜熱帯・暖温帯常緑広葉樹林帯域の二次植生
マツ林／コナラ林／常緑広葉樹二次林／竹林／針葉樹人工林／
草原植生／水田雑草群落／ため池の植生／水生植物群落／
畑雑草群落／雑草と人里植物／帰化植物とその生態／等

3 中間温帯域の植生
モミ・ツガ林／イヌブナ林

4 冷温帯・山地帯落葉広葉樹林帯域の植生
ブナ林／北海道の針広混交林と落葉樹林／ミズナラ林／
尾根の針葉樹林／渓畔林／等

5 亜寒帯・亜高山帯常緑針葉樹林帯域の植生
亜高山針葉樹林／亜高山性落葉広葉樹林

6 高山地域の植生
ハイマツ帯／風衝矮性低木群落／雪田植物群落

7 湿原植生
釧路湿原／サロベツ湿原／尾瀬ヶ原湿原／戦場ヶ原湿原／
玉原湿原

8 島嶼植生
多様性と固有性／伊豆大島／三宅島／八丈島／小笠原諸島

9 海岸植生
塩湿地植生／海浜植生／海岸断崖地植生／海岸低木林

10 河川敷の植生
河原の草本群落／河辺林

11 都市の植生
森林の孤立化／特定の種の旺盛な繁茂／森林のサイズと
生物多様性

第3部　地域固有の植生分布とその要因
縞枯れ現象／季節風効果／平尾根効果

版　200頁　並製　オールカラー　定価（本体 4,800円＋税）
N 978-4-254-17163-1 C3045

朝倉書店

人と水と自然が織りなす世界"湿地"の魅力をビジュアルに解説

図説 日本の湿地
—人と自然と多様な水辺—

日本湿地学会 監修

- 人々の暮らし，多様な動植物，分類と機能や環境の変化，仕組み・制度それぞれの多彩なテーマを見開きでビジュアルに解説。

- 湿原や干潟から，湖沼・河川，マングローブや砂浜など，日本全国の湿地を紹介
（本書で紹介している各地の湿地は中面の地図を参照）。

- 身近な環境の理解に関心のある方，環境保全・環境教育に取り組む方。学校・公共図書館必備。

■内容目次

序論

第1部 湿地の恵みを受ける
1 暮らしの必需品などを確保する
　飲み水／水田と稲作／塩／酒と酢／郷土料理／他
2 暮らしを豊かにする
　景観／水遊び・スポーツ／温泉
3 暮らしを意味づける
　神事／産育習俗／芸術／記憶と記録

第2部 湿地を彩る個性派たち
1 動物たち
　魚, 貝／ハゼ・カニ類／水生昆虫／両生爬虫類／コウノトリ, トキ, タンチョウ／哺乳類／他
2 植物たち
　ヨシ／ミズゴケ／食虫植物／イグサとイネ／花／マングローブ／藻場／他

第3部 湿地の姿と仕組み
1 様々な姿を見せる湿地
　造形美／湿原／干潟と塩湿地／汽水湖／湖沼とダム／河川と氾濫源／泥炭地／湧水湿地／マングローブ林／サンゴ礁／水田／泥炭地湖沼・ため池／砂浜・磯・藻場／地下水と温泉／都市の湿地
2 湿地の仕組みと機能
　微地形／浮島／気象変化の抑制／水質の浄化／生態系／他

第4部 湿地を活かす仕組みと人々
1 変わりゆく湿地
　泥炭地・湧水湿地の変貌／干潟の減少と保全活動／サンゴ礁／砂浜・藻場の減少／特定外来種／災害
2 湿地を守る仕組み・制度
　国際条約レジーム／ラムサール条約／国内の法律・計画／他
3 湿地で活動する人々
　CEPA／ESD／管理・保全／湿原の再生／自治体・団体・企業による湿地保全の取り組み／他

B5判　228頁　本体(本体5,000円+税)
ISBN978-4-254-18052-7　C3040

朝倉書店

断層を正しく見て理解する　　　　オールカラー

図説 日本の活断層

空撮写真で見る主要活断層帯 36

岡田篤正・八木浩司 著
京都大学名誉教授　　山形大学地域教育文化学部教授

2019年2月刊行

B5判／216頁　定価（本体 4,800 円＋税）　ISBN 978-4-254-16073-4　C3044

全国の活断層を，
貴重な空撮写真などから
ビジュアルに解説

全国の代表的な 36 の活断層を，1970 年代から撮影された貴重な空撮写真を使用し，3D イメージ，イラストとあわせてビジュアルに紹介。
断層の運動様式や調査方法，日本の活断層の特徴なども解説し，初学者のテキストとしても最適。

朝倉書店

立正大 伊藤徹哉・立正大 鈴木重雄・立正大学地理学教室編 **地理を学ぼう 地理エクスカーション** 16354-4 C3025　　B5判 120頁 本体2200円	地理学の実地調査「地理エクスカーション」を具体例とともに学ぶ入門書。フィールドワークの面白さを伝える。〔内容〕地理エクスカーションの意義・すすめ方／都市の地形と自然環境／火山／観光地での防災／地域の活性化／他
日大 矢ケ﨑典隆編 世界地誌シリーズ4 **アメリカ** 16858-7 C3325　　B5判 176頁 本体3400円	教員を目指す学生のためのアメリカ地誌学のテキスト。生産様式、生活様式、地域が抱える諸問題に着目し、地理的特徴を解説する。〔内容〕総論／自然／交通・経済／工業／農業／多民族社会／生活文化／貧困層／人口構成／世界との関係
首都大 菊地俊夫・成蹊大 小田宏信編 世界地誌シリーズ7 **東南アジア・オセアニア** 16927-0 C3325　　B5判 176頁 本体3400円	東南アジア・オセアニア地域の地誌学のテキスト。自然・生活・文化などから両地域を比較しつつ、その特色を追求する。〔内容〕自然環境／歴史・文化の異質性と共通性／資源／伝統文化／グローバル化と経済活動／都市の拡大／比較地誌
名外大 島田周平・一橋大 上田 元編 世界地誌シリーズ8 **アフリカ** 16928-7 C3325　　B5判 176頁 本体3400円	アフリカ地誌学のテキスト。〔内容〕自然的多様性・民族的多様性／気候・植生／生業と環境利用（焼畑・牧畜・ブドウ栽培）／都市と農村／都市環境問題／地域紛争／グローバル化とフォーマル経済／開発援助・協力／大衆文化／日本との関係
日大 矢ケ﨑典隆・立正大 山下清海・学芸大 加賀美雅弘編 シリーズ〈地誌トピックス〉1 **グローバリゼーション** —縮小する世界— 16881-5 C3325　　B5判 152頁 本体3200円	交通機関、インターネット等の発展とともに世界との距離は小さくなっている。第1巻はグローバリゼーションをテーマに課題を読み解く。文化の伝播と越境する人、企業、風土病、アグリビジネスやスポーツ文化を題材に知見を養う。
日大 矢ケ﨑典隆・首都大 菊地俊夫・立教大 丸山浩明編 シリーズ〈地誌トピックス〉2 **ローカリゼーション** —地域へのこだわり— 16882-2 C3325　　B5判 152頁 本体3200円	各地域が独自の地理的・文化的・経済的背景を、また同時に、地域特有の課題を持つ。第2巻はローカリゼーションをテーマに課題を読み解く。都市農業、ルーマニアの山村の持続的発展、アフリカの自給生活を営む人々等を題材に知見を養う。
日大 矢ケ﨑典隆・日大 森島 済・名大 横山 智編 シリーズ〈地誌トピックス〉3 **サステイナビリティ** —地球と人類の課題— 16883-9 C3325　　B5判 152頁 本体3200円	地理学基礎シリーズ、世界地誌シリーズに続く、初級から中級向けの地理学シリーズ。第3巻はサステイナビリティをテーマに課題を読み解く。地球温暖化、環境、水資源、食料、民族と文化、格差と貧困、人口などの問題に対する知見を養う。
前学芸大 上野和彦・学芸大 椿真智子・学芸大 中村康子編 地理学基礎シリーズ1 **地理学概論**（第2版） 16819-8 C3325　　B5判 180頁 本体3300円	中学・高校の社会科教師を目指す学生のスタンダードとなる地理学の教科書を改訂。現代の社会情勢、人類が直面するグローバルな課題、地域や社会に生起する諸問題を踏まえて、地理学的な視点や方法を理解できるよう、具体的に解説した。
首都大 髙橋日出男・前学芸大 小泉武栄編著 地理学基礎シリーズ2 **自然地理学概論** 16817-4 C3325　　B5判 180頁 本体3300円	中学・高校の社会科教師を目指す学生にとってスタンダードとなる自然地理学の教科書。自然地理学が対象とする地表面とその近傍における諸事象をとりあげ、具体的にわかりやすく、自然地理学を基礎から解説している。
日大 矢ケ﨑典隆・学芸大 加賀美雅弘・前学芸大 古田悦造編著 地理学基礎シリーズ3 **地誌学概論** 16818-1 C3325　　B5判 168頁 本体3300円	中学・高校の社会科教師を目指す学生にとってスタンダードとなる地誌学の教科書。地誌学の基礎を、地域調査に基づく地誌、歴史地誌、グローバル地誌、比較交流地誌、テーマ重層地誌、網羅累積地誌、広域地誌の7つの主題で具体的に解説。
日本地形学連合編　前中大 鈴木隆介・前阪大 砂村継夫・前筑波大 松倉公憲責任編集 **地形の辞典** 16063-5 C3544　　B5判 1032頁 本体26000円	地形学の最新知識とその関連用語、またマスコミ等で使用される地形関連用語の正確な定義を小項目辞典の形で総括する。地形学はもとより関連する科学技術分野の研究者、技術者、教員、学生のみならず、国土・都市計画、防災事業、自然環境維持対策、観光開発などに携わる人々、さらには登山家など一般読者も広く対象とする。収録項目8600。分野：地形学、地質学、年代学、地球科学一般、河川工学、土壌学、海洋・海岸工学、火山学、土木工学、自然環境・災害、惑星科学等

上記価格（税別）は2019年2月現在